PRÉCIS

DE

L'HISTOIRE DE SCEAUX

DEPUIS SON ORIGINE CONNUE JUSQU'A NOS JOURS;

Contenant les Faits, Anecdotes et Épisodes qui s'y rattachent,

ET UN

RÉSUMÉ BIOGRAPHIQUE

DES PRINCIPAUX PERSONNAGES QUI L'ONT HABITÉ.

PAR M. SINET.

Se vend 1 fr. 50 c.

A SCEAUX,

AU CABINET DE LECTURE,

ET CHEZ L'AUTEUR, RUE DU PETIT-CHEMIN.

1843

PRÉCIS

DE

L'HISTOIRE DE SCEAUX.

SCEAUX. — IMPRIMERIE DE E. DÉPÉE.

PRÉCIS

DE

L'HISTOIRE DE SCEAUX

DEPUIS SON ORIGINE CONNUE JUSQU'A NOS JOURS ;

Contenant les Faits, Anecdotes et Épisodes qui s'y rattachent,

ET UN

RÉSUMÉ BIOGRAPHIQUE

DES PRINCIPAUX PERSONNAGES QUI L'ONT HABITÉ.

PAR M. SINET.

SCEAUX

AU CABINET DE LECTURE,

ET CHEZ L'AUTEUR, RUE DU PETIT-CHEMIN.

1843

8°Z le Senne 11.602

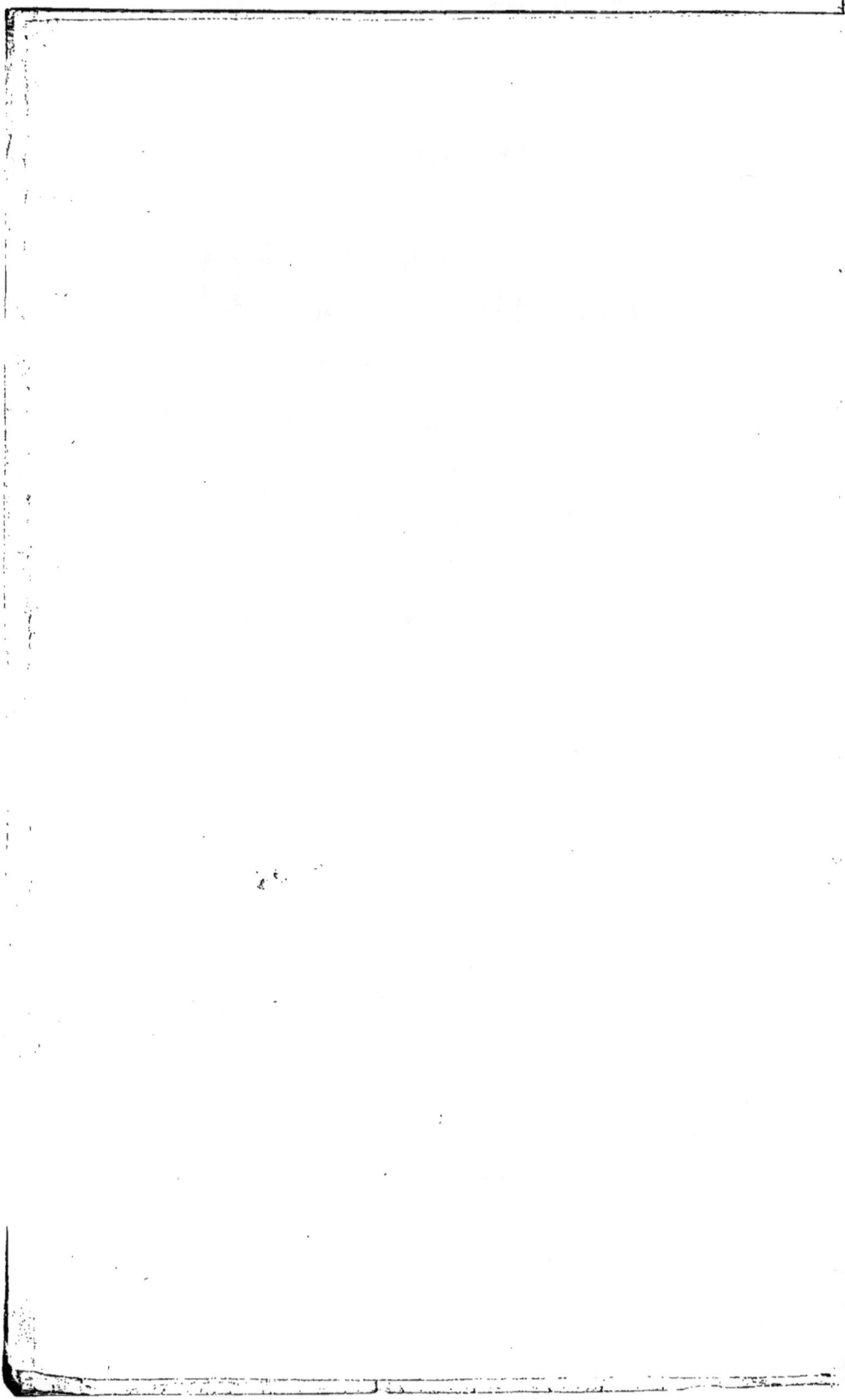

A MES LECTEURS.

— — • —

Mes chers Lecteurs,

Comme j'aime toujours à m'occuper, et que j'ai du loisir, l'idée m'est venue d'écrire l'histoire de Sceaux. Je vais donc vous la raconter à ma manière, et dans mon style tout positif et tout familier.

Vous n'y trouverez pas de belles phrases, pas même cette correction de langage que vous avez le droit d'attendre d'un historien ; car, je l'avoue en toute humilité, je suis bien au-dessous, sous ce rapport, du sujet que je traite ; mais vous y trouverez des noms, des dates et des faits historiques dont je puis au moins vous garantir l'exactitude ; car je n'ai rien négligé dans mes recherches traditionnelles, orales ou écrites, pour ar-

1

river, autant que possible, à la vérité, que j'aime avant tout.

Je pourrais citer plus de trente ouvrages imprimés et manuscrits, enfin plus de soixante-dix volumes ou brochures de toute nature, voire-même la *Vie des Saints,* dans lesquels j'ai puisé, et nommer vingt personnes qui m'ont donné des renseignements, ce dont je les remercie ; mais ce serait perdre un temps inutile. Tout ce que je puis vous dire, c'est que j'ai pu être trompé, ou me tromper, mais mon intention était de ne donner que du positif. Je crois l'avoir fait.

ACCROISSEMENT PROGRESSIF DE SCEAUX.

Sceaux, au commencement du treizième siècle, du temps de Saint-Louis, dépendait de la commune de Châtenay; alors il n'était nécessairement qu'un hameau.

Quand, en 1214, il eut une église, il dut être classé au rang des villages.

Sous les princes, il prit plus d'importance; il devint bourg.

Depuis la constitution du consulat, en 1800, il est devenu chef-lieu d'arrondissement, et doit être assimilé aux villes.

Sceaux, en 1709, d'après le premier dénombrement connu, sous Colbert, avait environ cinq cents habitants.

En 1812, du temps de l'empire, on en comptait quatorze cents; et aujourd'hui, d'après le dernier dénombrement, dix-huit cents.

Suivons. En 1789, il n'y avait à Sceaux, pour le service de toute la commune, qu'un seul *coucou*, qui ne faisait qu'un voyage par jour. En 1800, il y en avait deux; en 1824, outre les coucous, il y eut un établissement de voitures à quatre roues qui faisaient quatre départs par jour. Aujourd'hui il y a deux établissements de voitures, qui font ensemble vingt départs par jour et autant de retours.

En 1800, il n'y avait à Sceaux que deux écoles communales de filles et garçons; aujourd'hui il y a en plus deux externats sous la direction d'instituteur et d'institutrice du premier mérite.

A peu près à cette même époque, la plus grande partie des rues de Sceaux étaient fangeuses et impraticables dans la mauvaise saison. Aujourd'hui elles sont toutes pavées en beaux pavés carrés.

Il y a une trentaine d'années, il n'y avait à Sceaux, dans toute la longueur de la partie droite de la grande rue, que quatre maisons; il y en a aujourd'hui plus de trente. La rue de Florian n'existait pas : celle de Penthièvre n'avait pas une seule maison; elle en a aujourd'hui quinze. Tout le pays n'a pas augmenté en proportion; mais il y a partout accroissement notable.

Enfin, naguère encore, la justice de paix était très mal logée; la commune n'avait pas une salle de réunion convenable; aujourd'hui elle a un magnifique hôtel-de-ville qui contient tout ce qu'on peut désirer à ce sujet.

A la vérité, Sceaux a perdu, du moins quant à présent, sa fabrique de faïence; mais elle a en plus, un bel établissement de bains avec de l'eau de la source des Vaux-Robert; une imprimerie, une école communale, avec un local pour l'instituteur, et un corps-de-garde. Nous avons aussi, chose bien précieuse pour le pays, un pharmacien que nous n'avions pas, et un dépôt de papiers de tenture aux prix de Paris.

Certes, il y a progrès.

Cependant on ne peut se dissimuler que Sceaux ne soit aujourd'hui dans un état languissant, et qu'il n'est pas à beaucoup près aussi brillant que du temps de l'empire et de la restauration : moi, je pense qu'on peut attribuer cette différence au changement qui s'est fait dans les goûts et les habitudes de la haute société, depuis une vingtaine d'années.

Depuis juin 1846 Sceaux a un chemin de fer qui peut amener 2 à 3 mille personnes par jour.

HISTOIRE
DE SCEAUX.

PREMIÈRE ÉPOQUE.

—

ORIGINE CONNUE JUSQU'A COLBERT.

Il y a bien peu de choses à dire sur Sceaux dans cette
première époque, car nos traditions sont bien confuses
et offrent bien des lacunes. On peut ajouter que les
faits historiques qui donnent la vie à un récit y sont
entièrement nuls. Je vais donc la passer très rapide-
ment, afin d'arriver plus vite à des temps plus riches
en souvenirs.

Il y a deux versions sur l'origine de Sceaux, mais
qui ne diffèrent guère entre elles que sur des noms.
Or, comme elles ne remontent pas toutes deux à la
même époque, et qu'il existe une lacune considérable
dans la première version, elles pourraient très bien
s'accorder jusqu'à un certain point.

Suivant toute probabilité, l'origine de Sceaux remonterait au-delà du douzième siècle. D'après la première version [1], il s'appelait en latin *Cellæ,* mot qui, traduit en français, suivant un ancien dictionnaire, veut dire celliers, maisonnettes, petites maisons. Plus tard, on a écrit Ciaux, Ceaux, Seaux, d'où est venu Sceaux [2].

Sceaux alors n'était qu'un hameau dépendant de Châtenay, et n'avait pour habitants que des cultivateurs, et particulièrement des vignerons.

Ce n'est qu'en 1214 que la première église de Sceaux fut bâtie, ou du moins que la dédicace en fut faite à saint Mamès, son premier patron, martyrisé en Palestine, et d'où ses reliques furent apportées en grande pompe par Adam de Cellis.

Les auteurs qui ont écrit sur la vie des saints ne sont pas d'accord sur l'origine de saint Mamès. D'après celui des quatre auteurs que j'ai consultés, qui m'a paru le plus vraisemblable, ce saint serait un jeune croisé français fils d'un berger, qui aurait suivi la quatrième croisade entreprise par Baudouin de Flandre, sous Philippe-Auguste. Pris par les infidèles, il aurait été martyrisé en Cappadoce, pour n'avoir pas voulu abjurer la religion chrétienne. Quoi qu'il en soit, on attri-

---

[1] Suivant Dulaure.

[2] Suivant l'abbé Lebœuf, qui a écrit sur Sceaux, d'après l'étymologie du nom primitif, on doit écrire *Ceaux* ; mais l'usage l'a emporté, et l'on écrit *Sceaux*.

buait aux reliques de ce saint la vertu de guérir de la co-
lique. On parle même de pèlerinages qui eurent lieu à
ce sujet; on parle aussi d'une confrérie de Saint-Mamès,
dé laquelle on se mettait pour se préserver du même
mal. On cite un chanoine de Paris, qui, atteint d'un
grand mal de ventre, fit un vœu à saint Mamès, et fut
soulagé à l'instant.

Du moment où Sceaux eut une église, il fut classé
au rang des villages; le clocher alors se trouvait à peu
près au milieu du pays.

L'église de Sceaux fut rebâtie sous Louis XI, en
1476, par Jean Baillet, seigneur de Sceaux [1].

Le premier château fut bâti, en 1597, par Louis
Potier de Gesvres.

En 1612, Antoine Poitier, seigneur de Sceaux, fit
ériger cette terre en châtellenie.

En 1621, elle passa à son frère Réné Potier, duc de
Trèmes.

En 1624, la terre de Sceaux fut érigée en baronnie
par ce même Réné Potier, qui lui donna son titre.

Nous arrivons à Colbert, qui acheta Sceaux en 1670.

---

[1] Il y a ici une contradiction; on dit que le premier château n'a
été bâti qu'en 1597, et on parle d'un seigneur de Sceaux qui aurait
rebâti l'église plus de 100 ans plus tôt; ce seigneur n'avait donc pas
de château? ou peut-être Sceaux, alors, dépendait-il d'une autre sei-
gneurie, probablement de celle de Châtenay.

D'après la seconde version[1], qui ne remonte pas
au-delà du quinzième siècle, Sceaux s'appelait alors
Saulx, nom qui lui venait de son ancien château, habité alors par Gaspard de Saulx, seigneur de Tavannes,
lequel passa, au commencement du dix-septième siècle, au duc de Trèmes, et ensuite à Colbert.

Suivant cet auteur, il aurait gardé cette orthographe
jusqu'à Colbert, qui aurait fait écrire Sceaux comme
garde des sceaux. Je pense, à ce sujet, qu'il serait plus
exact de dire que Colbert a adopté cette dernière orthographe, car avant lui on avait déjà écrit Sceaux ainsi.

Il est à remarquer, au sujet des noms d'origine qui
diffèrent entre eux, qu'ils ne sont pas de même date;
et qu'ils peuvent bien avoir existé tous deux dans différents temps. Ce qu'il y a de bien positif sur ce sujet,
c'est qu'on trouve dans tous les anciens actes de l'é-
tude de Sceaux, jusqu'à 1740 (ce que tout le monde
peut vérifier), Sceaux écrit Soaulx, à l'exception des
actes concernant Colbert, où l'on trouve Sceaux, mais
quelquefois encore Soaulx[2].

Au surplus, ces deux versions sont d'accord sur le
reste; et il paraît bien constaté que les premiers habitants de Sceaux dépendaient de Châtenay, et que sa

[1] Suivant l'auteur d'*une Promenade à Sceaux-Penthièvre*.

[2] Cette dernière orthographe est bien bizarre; c'est probablement le mot *Saulx* dégénéré. A l'égard du nom Saulx, il est très
connu dans l'histoire de France. Il a existé beaucoup de personnages
de ce nom.

première église était au milieu du village, avant l'a-
grandissement du parc par Colbert.

A cette époque, c'est-à-dire avant l'agrandissement
de ce parc, qui ne contenait alors que cent vingt arpents, Sceaux était divisé en deux parties : il y avait le
petit Sceaux et le grand Sceaux. Le petit Sceaux n'existe
plus aujourd'hui. Il était situé dans la partie du parc
derrière l'église, et s'étendait vers le marché. A l'é-
gard du grand Sceaux, qui est le Sceaux d'aujour-
d'hui, il a dû s'accroître par la destruction de son
complément, car il est plus que probable que les maisons qui ont été démolies d'un côté, d'après les acquisitions de Colbert, ont été reportées de l'autre.

Actuellement nous allons passer à la deuxième époque, qui nous est un peu mieux connue, et dont les
traditions sont plus précises.

DEUXIÈME ÉPOQUE.

—

COLBERT.

DEPUIS SON ACQUISITION DE SCEAUX, EN 1670,
JUSQU'AUX PRINCES.

Colbert fit l'acquisition du domaine de Sceaux, des
héritiers du duc de Trèmes, en 1670, et le garda jusqu'à sa mort, en 1683. La terre de Sceaux passa alors
à son fils aîné, le marquis de Seignelai.

Colbert naquit à Reims, en 1619, de parents bourgeois, d'autres disent marchands de vins ou commerçants [1]. Quoi qu'il en soit, il fit très promptement son chemin. Voici comment on raconte son élévation [2].

Après une instruction peu soignée, car il était destiné au commerce, il entra chez un notaire, en qualité de clerc, puis chez un procureur, puis chez un trésorier, puis, en 1642, chez Michel Tellier, secrétaire-d'état. Quelque temps après, il fut chargé par Tellier de porter une lettre de la reine au cardinal de Mazarin, qui était dans ce moment à sa terre de Sédan, et de rapporter cette lettre avec la réponse. Le lendemain Mazarin lui remit un paquet cacheté. Colbert, qui était un homme positif, demanda la lettre; Mazarin lui répondit qu'elle était dans le paquet. Mais, dans le doute, Colbert brisa le cachet pour s'assurer de la vérité; Mazarin le traita d'insolent, et reprit le paquet. Alors Colbert, qui ne se déconcertait pas facilement, lui dit : « Mais, monseigneur, ne peut-on pas s'être trompé? car ce n'est sans doute pas vous qui avez fait ce paquet. » Deux jours après, le cardinal lui remettre le paquet et la lettre de la reine à part.

Quelque temps après, le cardinal étant à Paris, demanda à Tellier un homme pour écrire. Le secré-

---

[1] Suivant Ménage, Colbert descendrait des rois d'Écosse, parce que probablement il aura trouvé un prince de ce nom dans l'histoire de ce royaume ; mais ceci a tout l'air d'une pure flatterie.

[2] Vie de Colbert.

taire-d'état lui présenta Colbert, qui craignait son ressentiment pour l'affaire de la lettre. Mais, bien loin qu'elle ne lui nuisît dans l'esprit du cardinal, il ne sut que mieux l'en apprécier, se l'attacha, et même le recommanda à Louis XIV, qui en fit son ministre des finances, en 1661, après la mort du cardinal.

Colbert était peu instruit; car à quarante ans, malgré ses nombreuses occupations, il apprenait le latin, qu'il trouvait humiliant de ne pas savoir [1]. Mais c'était un homme rempli de capacité, très zélé pour le bien public, et travaillant avec une application infatigable. En un mot, ce fut un des plus grands ministres de son temps.

Colbert était d'une taille au-dessous de la moyenne. Il avait l'air sombre et commun; toujours pensive et sérieuse, sa physionomie était repoussante. Il était très peu communicatif, et ne parlait guère que pour les choses sérieuses; et cette manie silencieuse allait si loin chez lui, qu'un jour une dame qui lui parlait, sans avoir pu obtenir de réponse, se permit de lui dire : « Monseigneur, faites-moi au moins signe que vous m'entendez. » Mais, en compensation, Colbert était bon, généreux, et l'ami du bien. Il aimait les sciences les arts et les savants, qu'il protégeait et encourageait.

Colbert se maria, en 1651, avec la fille de Jacques Cherron, seigneur de Ménars, qui lui apporta une

[1] Pour ne pas perdre de temps, c'était en voiture qu'il prenait ses leçons.

riche dot[1]. Il en eut neuf enfants, six fils et trois filles[2].
On dit qu'il eut plusieurs maîtresses.

Une fois en sa vie il sortit de son caractère par une
turlupinade d'assez mauvais goût. Une dame, dans un
pressant besoin, lui avait fait une demande à laquelle
il n'avait pas répondu. Le poursuivant un jour jusque
dans la salle d'audience, elle se jeta à genoux et lui dit
d'un ton larmoyant : « Au nom de Dieu, monseigneur,
accordez-moi ce que je vous demande. » Colbert, sans
s'émouvoir, se mit dans la même posture devant cette
dame, et lui dit sur le même ton : « Au nom de Dieu,
Madame, laissez-moi en repos. »

Colbert amassa une fortune de plus de dix mil-
lions. En voici l'origine. Vers 1664, on avait créé en
Espagne des billets qui étaient tellement tombés en
discrédit, qu'ils perdaient jusqu'à quatre-vingt-dix
pour cent. Colbert, qui avait ses vues, en acheta beaucoup, par ce moyen les fit remonter et réalisa un bénéfice considérable. C'est avec une partie de cet argent
qu'il acheta Sceaux, et qu'il put y faire toutes les dépenses dont il va être parlé.

[1] Madame Colbert fut chargée de l'éducation de mademoiselle
de Blois et de celle du comte de Normandie, enfants de mademoiselle de Lavallière reconnus par Louis XIV.

[2] Les enfants de Colbert furent tous heureux du côté de la fortune. Ses trois filles devinrent toutes duchesses avec chacune un
million de dot, et ses six fils occupèrent des postes éminents dans
l'État. L'un d'eux, l'abbé Colbert, devint archevêque de Toulouse,
et rebâtit son palais épiscopal avec un trésor qu'il trouva en démo-
lissant une masure.

Les derniers jours de Colbert furent malheureux ; car, joint à la maladie de la pierre dont il souffrait beaucoup, Louvois, qui commençait à prendre du crédit auprès de Louis XIV, et qui succéda à Colbert lui causa beaucoup de chagrins par ses vues souvent en contradiction avec les siennes, en paralysant le bien qu'il voulait faire. Le roi et la France ne l'ont pas payé d'ingratitude, comme le dit un auteur biographe qui a parlé de lui ; au contraire, le roi le regretta beaucoup, et alla même lui faire une visite à son lit de mort, et la France en garde encore le souvenir.

Colbert s'occupa des affaires de l'État jusqu'à son dernier jour ; mais cela ne l'empêcha pas de penser à son salut ; car, sentant sa fin approcher, il était devenu dévot, et se faisait lire tous les jours un passage de l'Écriture-Sainte. Colbert mourut âgé de soixante-quatre ans.

Actuellement il ne reste plus à dire sur Colbert que ce qu'il fit à Sceaux depuis son acquisition. Or, comme je n'y étais pas, c'est un cultivateur contemporain qui va se charger de ce soin. Je vais répéter ce qui m'est venu de ses paroles par tradition.

« Il y avait dix ans que M. Colbert était le seigneur de Sceaux, et que je travaillais pour lui dans le parc ; voilà qu'un jour j'aperçois un beau monsieur qui m'avait l'air d'un Anglais, qui regardait, qui regardait ; puis voilà qu'il entre, qu'il vient de mon côté, et qu'il me demande à qui appartenait cette belle propriété. — Oh! Monsieur, que je lui réponds, là, vrai, je ne vous crois pas. — Comment? — Pardié! vous me demandez une chose que vous savez; vous voyez bien que je ne peux pas vous croire. — Tu te trompes, mon ami; à moins pourtant que ce beau domaine ne soit celui de M. Colbert. — Allons donc, Monsieur! je savais bien que vous vouliez vous moquer de moi. — Mais pas du tout. Il y a plus de dix ans que je ne suis venu à Sceaux, et il y a un changement si considérable, qu'il est bien permis..... — Oh! ça, c'est vrai qu'il y a bien du changement; mais si vous voyiez tout, vous en verriez bien d'autres. — Y a-t-il longtemps que tu travailles ici? — Oh! oui, Monsieur; à preuve que ma maison était là, tenez. M. Colbert me l'a achetée, et je travaille pour lui depuis. — Peut-on se promener dans le parc? — Oh! oui, Monsieur; d'ailleurs il n'y a personne aujourd'hui : ainsi ça se trouve bien. — Tu m'as l'air d'un brave homme, tiens, voilà pour toi. — Oh! Monsieur, un écu de six livres! vous êtes bien bon. Mais vous m'avez appelé brave homme; eh bien! tenez, je veux vous prouver que vous ne vous êtes pas trompé. Je vas perdre un tiers; mais ça m'est égal, je veux vous faire tout voir. »

Alors il lui dit : « Voici ici l'église; là-bas, voilà le château; et puis tout là-bas, c'est le marché. Eh bien! avant M. Colbert, il y avait là une rue qu'on appelait la rue du Château, parce qu'elle passait devant le château; elle partait de l'église, et allait jusqu'à la route du Bourg-la-Reine, en passant à côté du marché. Des deux côtés de cette rue, il y avait des maisons de cultivateurs : celle de Chaussé, qui était ici, celle de Gallar, mon voisin; en face, celle à Jubin; plus loin, celle à Provot, à Duchemin, puis celles à Dorleans, à Jean Gois, à Jacques Gois; et puis encore une douzaine d'autres. M. Colbert a acheté tout cela : c'est le notaire de Sceaux [1] et celui de Châtenay qui ont fait les actes. On peut encore voir le nom de tous ces vendeurs dans les minutes de l'étude de Sceaux. Il y avait aussi un ancien château qui était trop vieux; alors M. Colbert a tout fait jeter par terre. Ensuite il a acheté du terrain de tous côtés pour agrandir le parc, qui n'avait alors que cent vingt arpents; aujourd'hui il en a plus de six cent cinquante.

« Toutes ses acquisitions terminées, M. Colbert a fait venir deux grands architectes, M. Perrault, pour reconstruire le château, et Lenôtre, pour dessiner le parc. Mais il y avait une chose qui chagrinait beaucoup M. Colbert : c'était que dans un si vaste domaine il n'y avait pas d'eau, ou, pour parler plus exactement, il n'y avait qu'une source insignifiante et un petit ruisseau qui ne coulait que cinq à six mois de l'année.

---

[1] On trouve à l'étude de Sceaux, dans les minutes de 1701, une chose assez curieuse. Un maréchal-ferrant de Sceaux, nommé Gabriel Chevou, qui, ne sachant pas écrire, avait imaginé de remplacer sa signature et ses paraphes par autant de fers à cheval dessinés à la plume, sans y oublier les trous de clous.

2

Voilà qu'un jour un simple ouvrier terrassier, en dé-
jeunant, sans penser à autre chose qu'à passer son
temps, s'avise d'aligner un niveau d'eau qui se trouvait sur la terrasse devant le château : ce niveau était
tourné du côté d'Aulnay. Il s'aperçoit qu'Aulnay, qu'on
croirait dans un fond, est beaucoup plus haut que
Sceaux. Cet ouvrier avait travaillé à Aulnay ; il connaissait le sol qui est rempli d'eau : il vit donc la pos-
sibilité de faire venir de l'eau d'Aulnay à Sceaux.

« Après cet aperçu, sans faire part de son observation à ses camarades, cet homme reprend son ouvrage
et mûrit son projet jusqu'au lendemain.

« Le lendemain matin, aussitôt que notre homme
voit M. Colbert, qui ne manquait pas de visiter ses
ouvriers en se levant, il lui fait part de sa découverte,
et s'engage à lui faire venir de l'eau d'Aulnay à Sceaux.
Colbert fait étudier, par des ingénieurs, le projet, qui
fut trouvé très exécutable, fait construire des voûtes,
des aqueducs, des tuyaux, paie les indemnités aux
propriétaires des terrains, et voilà l'eau d'Aulnay qui
vient à Sceaux. M. Colbert, agissant dans cette circonstance en grand seigneur, a gratifié la commune de
Sceaux de deux fontaines publiques [1].

Par suite de cette même idée, Colbert, à qui rien ne
coûtait pour embellir son domaine, fait ensuite venir

---

[1] Les eaux d'Aulnay fournissent, terme moyen, huit seaux d'eau
par minute, et celles des Vaux-Robert dix.

l'eau des Vaux-Robert, puis celle de l'étang du Plessis [1]. »

Après avoir raconté à son Anglais l'origine du nouveau domaine de Sceaux et de ses eaux, il lui fit voir le parc dans tous ses détails, les plantations, les bassins, les pièces d'eau, et surtout les cascades, qu'il l'engagea à venir voir jouer un premier dimanche du mois, ou à la Saint-Jean, il lui fit aussi remarquer toutes les figures en pierre et en marbre, sculptées par Puget et Girardon, puis le château.

Le château consistait en un grand corps de bâtiment de deux étages, style moyen-âge, dont la façade donnait sur le parc, au midi, en face d'une magnifique avenue qui allait se perdre dans les bois de Verrières. Cette façade était divisée en cinq pavillons surmontés d'un toit à la Mansard. Du côté de la cour d'entrée, il y avait deux ailes formant deux superbes galeries terminées par deux pavillons, entre lesquels était la grille d'entrée. L'intérieur du château était orné avec magnificence.

Après lui avoir tout montré, notre homme reconduisit l'étranger jusqu'au Bourg-la-Reine, par l'avenue qui existe encore aujourd'hui, lequel le remercia

[1] Cet étang est alimenté par les eaux pluviales, au moyen de plus de deux lieues de longueur de rigolles qui s'étendent dans toute la plaine du Plessis jusqu'auprès du parc de Meudon. Il servait autrefois de réservoir pour les cascades qui jouaient tous les premiers dimanches de chaque mois, dans toute la belle saison.

beaucoup et lui donna un second écu de six francs pour son tiers de jour.

C'est ainsi que Sceaux devint un magnifique et charmant séjour.

Notre cicérone n'a pas parlé d'un fait important. Avant l'agrandissement du parc, il y avait un chemin, ou au moins un sentier, qui allait de Sceaux à Antony, et de Sceaux à Châtenay. On dit à ce sujet que plusieurs propriétaires, en vendant à Colbert, mirent pour condition dans leurs actes de vente, que le passage à pied leur serait réservé le jour dans le parc. On ne sait si cette condition a réellement existé, mais jusqu'aujourd'hui ou n'en a trouvé que peu de traces.

Colbert se plaisait beaucoup à Sceaux. C'était dans un des pavillons du château qu'il avait établi son cabinet de travail et qu'il s'occupait des affaires de l'État. En 1677, il y reçut Louis XIV, le dauphin et plusieurs seigneurs et dames de la cour, auxquels il donna une fête magnifique. A cette occasion, le roi fit remise de six mois de taille aux habitants de Sceaux, et Colbert paya les autres six mois. Colbert dans le cours de son séjour à Sceaux, reçut encore une autre fois le roi. Les artistes et les savants y étaient toujours les bienvenus; et comme il n'avait pas le temps de lire, il profitait de leur conversation pour s'instruire des choses qu'il désirait connaître. Cette manière de s'instruire est d'autant plus agréable, qu'elle ne fatigue pas l'esprit, et que les faits se gravent bien plus facilement dans la mémoire.

LE MARQUIS DE SEIGNELAI.

Après la mort de Colbert, le marquis de Seignelai, son fils aîné, lui succéda dans la terre de Sceaux. Il naquit à Paris en 1651, et mourut en 1690, âgé de trente-neuf ans, d'une mort prématurée. Il était ministre de la marine, et fut très peu connu à Sceaux, qu'il ne visitait que rarement. Cependant il y fit faire quelques embellissements et y reçut une fois le roi à dîner, en 1685. Il avait fait dresser un joli pavillon en tenture, orné de glaces et d'arbustes en fleurs, en face d'une pièce d'eau, dans l'endroit le plus charmant du parc. Derrière étaient placés des musiciens qui jouaient de temps en temps de jolis morceaux de musique. Puis il avait fait faire des gondoles à roulettes, en forme de petits chars, dans lesquelles on promenait les dames de la cour dans le parc : un homme de chaque côté les poussait.

Le marquis de Seignelai eut deux femmes. Son premier mariage ne fut pas heureux. Il épousa en première noce la fille du marquis d'Allègre, qui le méprisait, à cause de son origine, et ne lui parlait qu'avec insolence et dédain. Un jour qu'elle le poussa à bout, il lui donna un soufflet que son beau-père lui rendit à coups de canne. Étant devenu veuf, il se remaria avec mademoiselle de Torigny. Le repas se fit à Sceaux, en 1679.

Je demande bien pardon à mes lecteurs si je les arrête un instant ici pour leur dire un mot de moi; mais je ne crois pas sortir de mon sujet, car c'est encore un fait de l'histoire de Sceaux.

Quelqu'un à qui j'ai montré le commencement de cette histoire, m'a dit : Ce n'est pas mal; les faits sont intéressants; mais il serait peut-être bien de faire corriger votre style par une bonne plume; car il contient au moins quelques petits péchés contre la science du beau langage, et votre ouvrage en aurait beaucoup plus de mérite. Je répondis à cela que je m'en garderais bien; car un auteur a dit : *Le style, c'est l'homme.* Ainsi, d'après ce principe, c'est donc moi que je peins. Certes, un pinceau plus habile pourrait faire mon portrait plus beau; mais alors il ne serait plus ressemblant.

Je prie donc mes lecteurs de ne voir que ce qui est bien, et de fermer les yeux sur mes petites incorrections.

TROISIÈME ÉPOQUE.

—

LE DUC DU MAINE

DEPUIS SON ACQUISITION EN 1700, JUSQU'AU COMTE D'EU EN 1755.

Le duc du Maine fit l'acquisition du domaine de

Sceaux des héritiers de Colbert en 1700 ; il en jouit jusqu'à sa mort. La duchesse resta veuve. Le prince de Dombe, son fils aîné, devint alors propriétaire de Sceaux, mais il ne fit qu'y apparaître, et mourut au bout de deux ans. La terre de Sceaux passa alors à son second fils, le comte d'Eu.

Le duc du Maine naquit en 1672. Il était fils naturel et légitimé de Louis XIV et de madame de Montespan. Il se maria à 20 ans, en 1692, avec la fille du grand Condé. Elle était née en 1676. Elle n'avait que 16 ans lors de son mariage.

Le duc était bel homme, brave militaire, mais il boitait un peu. Il était d'un caractère doux et paisible, sans ostentation et sans vanité. Ses goûts étaient la tranquillité et l'étude ; du reste homme d'esprit et de savoir, mais faible jusqu'à la soumission aux volontés de sa femme dont il était l'esclave [1].

La duchesse était petite, et n'avait guère que la taille d'une jeune fille de 12 à 15 ans, assez de tournure, mais légèrement contrefaite. En compensation, elle avait le pied et la main admirables. Elle était blonde, avait des yeux bleus remplis d'expression et une belle peau. Son caractère était vif, pétulant, indomptable et em-

[1] On lit dans les œuvres de Marmontel, que le duc était tellement faible, qu'il tremblait devant sa femme qui le tyrannisait jusqu'à le faire pleurer comme un enfant, en lui reprochant dans les termes les plus injurieux, et les plus méprisants, la bassesse de son caractère et de sa naissance.

porté jusqu'à la fureur. Ses goûts étaient les plaisirs, le luxe et la dépense ; et son penchant l'ambition. Elle aimait beaucoup le monde, qu'elle charmait par la vivacité de ses jeux d'esprit et de son étonnante pénétration. Plus elle avançait en âge, plus elle séduisait par le charme de sa conversation. Voltaire disait d'elle : « L'automne est préférable au printemps. » Sa présence répandait la joie et l'allégresse, et attirait une une affluence continuelle de visiteurs. Ce concours de monde qui l'entourait lui était si nécessaire, qu'elle se croyait isolée quand elle n'avait que vingt personnes.

Elle avait une manie, qui est assez commune aujourd'hui, mais qui était fort rare à l'époque où elle vivait ; c'était de faire de la nuit le jour, et du jour la nuit. Elle se couchait fort tard ; souvent même l'aurore venait lui annoncer qu'il était temps d'éteindre ses lumières ; alors elle dormait le jour ; mais en général on dormait peu à Sceaux : elle disait qu'à sa cour, le sommeil était un dieu qui n'avait pas d'autel.

La duchesse n'aimait pas que les frivolités, elle aimait aussi beaucoup les savants qu'elle savait apprécier suivant leur mérite. Elle était même très instruite et savait plusieurs langues. C'était donc avec bonheur et plaisir qu'elle recevait Malézieu, Voltaire, Fontenelle, Lamothe, Saint-Aubain, Chaulieu, l'abbé Génest et une foule d'autres personnages non moins recommandables.

La duchesse avait un appartement dans l'endroit le plus élevé du château qu'elle nommait sa chartreuse, ses intimes seuls y étaient admis. Le duc lui-même n'avait pas la permission d'y entrer. C'était dans ce lieu de délices qu'elle concertait toutes ses fêtes, et qu'elle lisait où se faisait lire tout ce qui paraissait de nouveau.

Le duc aimait beaucoup la solitude ; il occupait une tourelle dans une autre partie du château : et là, le compas à la main, s'occupait de géométrie et d'astronomie. Cependant, il n'aimait pas moins les arts et les artistes. Il fit faire beaucoup d'embellissements au parc et au château. Tantôt c'était un nouveau pavillon ; tantôt un nouveau bassin, de nouveaux bosquets, de nouvelles allées ou de nouvelles figures pour orner le parc. Il a fait décorer l'intérieur du château par les premiers artistes de la capitale. Chaque pièce portait le nom d'un grand personnage historique, et était ornée de peintures allégoriques représentant quelques-unes des scènes les plus marquantes de leur vie.

Pour encourager et favoriser un autre genre de talent, il fit construire un théâtre où étaient représentés les chef-d'œuvres de nos auteurs dramatiques et de nos plus fameux compositeurs de musique. Enfin rien ne fut épargné pour rendre le domaine de Sceaux le plus charmant séjour de la France, non seulement sous le rapport de l'art et de la magnificence, mais aussi sous celui des plaisirs que vivifiait la présence de la princesse la plus charmante, et la plus spirituelle de la cour de Louis XIV.

Au moment de l'acquisition de Sceaux en 1700, le duc et la duchesse du Maine, y reçurent deux rois, auxquels ils donnèrent une fête magnifique. C'étaient Louis XIV et son petit-fils Philippe d'Anjou, qui venait d'être appelé au trône d'Espagne par le testament de Charles II, mort sans enfant.

Louis XIV vint lui-même conduire son petit-fils jusqu'à Sceaux, où eut lieu la séparation. L'affluence des curieux fut si considérable, qu'on remarqua du monde jusque sur le toit des maisons.

Louis XIV vint encore visiter Sceaux en 1704.

Tous les jours c'était fête à la cour de Sceaux. On peut sans flatterie l'appeler ainsi, puisqu'elle rivalisait réellement avec celle de Versailles. Il est plus facile de s'imaginer que de décrire les fêtes et les divertissements qui eurent lieu à Sceaux du temps de la duchesse du Maine; car c'est plus qu'une histoire, c'est un conte doré qui a le mérite de la vérité. Tantôt c'était des cavaliers de feu armés de pied en cap, qui combattaient avec des lances et des épées flamboyantes; tantôt des météores artificiels lumineux et étincelants qui paraissaient dans le lointain : le simulacre d'une ville qu'on assiégeait, ou bien des ballets, des spectacles, des concerts, des feux d'artifices; enfin tout ce que l'imagination pouvait inventer pour varier les plaisirs et raccourcir les longues *soirées da château* qui ne finissaient souvent, comme je l'ai déjà dit, qu'à l'aurore.

Un soir, après souper[1], on invita les convives à monter dans des calèches et chars-à-bancs, qui étaient préparés, et on les conduisit dans un endroit indiqué du parc. Là, on s'arrêta en face d'une prairie, puis on détela les chevaux ; les voitures servirent d'amphithéâtre. Tout à coup la campagne s'éclaire, et on aperçoit deux navires qui paraissaient à l'ancre ; plus loin, un fort hérissé de canons. Alors commence l'attaque du fort par une vive canonnade et un bombardement dans les formes. Le fort répond à boulets rouges. Les vaisseaux revirent et envoient de nouvelles bordées. On voyait le cercle parabolique des bombes se tracer dans les airs en feu d'artifice : tout était exécuté avec une précision admirable. Il y avait d'un autre côté des troupes de terre qui agissaient simultanément. On lançait des fusées qui imitaient le jeu des grenades ; le feu prit aux vaisseaux qui sautèrent en éclats, ainsi que le fort, et le tout fut consumé par un incendie général. Cette fête se termina par des chants et des danses.

---

[1] On dînait de midi à une heure à cette époque, et on soupait à huit ou neuf heures. Le public connu des personnes de la maison pouvait assister au repas des princes et jouir oculairement de leurs festins.

UNE FÊTE NOCTURNE.

Au cœur de l'hiver de 1704, on donna une fête nocturne dans les jardins comme pour défier la neige et les frimas, qui remplaçaient les gazons et les fleurs.

Cette fête, ou pour mieux dire ce divertissement, se composait d'illuminations, de jeux, de ballets, de mascarades, de concerts, d'un souper et d'un feu d'artifice. On avait formé une galerie factice avec des tentures ou tapisseries, partant de l'Orangerie, passant par la salle des Marronniers, traversant les potagers jusques au pavillon de l'Aurore, et enclavant plusieurs bassins dans son passage. On avait vidé toutes les serres pour garnir cette galerie, qui était en outre ornée de piédestaux, de vases, de bustes, de tableaux, de lustres et de girandoles, avec des guirlandes en verres de couleurs, et des transparents portant des inscriptions allégoriques analogues à la saison ou aux circonstances.

Qu'on juge de l'effet magique des jets d'eau des bassins, qui paraissaient étinceler de feu, en reflétant toutes ces lumières, et le charme que devaient produire à la vue et à l'odorat les vases et les arbustes couverts de fleurs, dans une saison où les yeux ne sont habitués à voir que des frimas et des tronçons dépouillés de toute verdure. Pour augmenter encore la joie et le plaisir que devait donner ce divertissement,

toute étiquette était bannie. Chacun dansait et agissait
à son aise et avec la plus grande liberté.

On ne se serait pas douté, à voir ces folies don-
nées à si grands frais, que la misère et l'inquiétude
régnaient partout dans le royaume. Nous étions alors
en 1704, époque désastreuse pour la France, qui cette
année, au sujet de la succession d'Espagne, était en
partie envahie par presque toutes les puissances coali-
sées de l'Europe, qui lançaient des partisans jusqu'à
Villers-Cotterets.

Il y eut beaucoup d'autres fêtes, souvent allégoriques, suivant les goûts et les habitudes de la duchesse,
où l'adulation et la flatterie jouaient un grand rôle.
En voici une idée.

Une fois c'était la déesse de la nuit en habits lugu-
bres, une lanterne à la main, qui venait lui débiter de
jolis compliments en vers.

Une autre fois c'était le dieu du sommeil, sous la
figure d'un jeune homme, couché sur un lit de pavots,
et dormant au son d'une douce musique, réveillé tout
à coup par un tuti infernal et chassé du château par
des lutins.

Un autre jour, ou pour mieux dire un autre soir,
c'était une députation de Lapons (avec des costumes du
pays), qui, sachant que la duchesse n'aimait pas le so-
leil, venaient lui offrir la souveraineté de leur empire, en
lui disant en jolis vers faits par Malézieu, qu'ils attendaient sa présence comme un bienfait, puisqu'il suf-

firait du feu de ses beaux yeux pour réchauffer leur sol glacé, et faire fleurir leurs campagnes.

ORDRE DE LA MOUCHE A MIEL.

Cette même année, au sujet d'une devise qui avait été faite en 1692, lors du mariage de la duchesse du Maine, on imagina une plaisanterie qui fit beaucoup d'effet, et donna lieu à plusieurs réunions et fêtes successives, toutes très plaisantes et très bouffonnes. Cette devise la voici :

Picola si, ma fapur gravi le ferite.

Elle est petite, mais les blessures qu'elle fait sont grandes.

Cette plaisanterie, c'était l'Ordre de la Mouche-à-Miel. En voici les dispositions :

La duchesse en était la reine. Elle portait une robe de satin vert brodée d'abeilles d'argent, un manteau de drap d'or et un diadème formé de mouches en émeraude. M. de Malézieu en était le grand-maître; il était entièrement déguisé en abeille. Le héraut était vêtu d'une robe de satin incarnat semée d'abeilles d'argent, et coiffé d'un bonnet en forme de ruche. Les chevaliers, au nombre de 59, avaient des cottes de drap d'or semées d'abeilles d'argent, et étaient décorée d'une médaille emblématique attachée avec un ruban citron.

A la réception des chevaliers, on avait placé une énorme ruche au milieu d'un tapis vert semé d'abeilles d'argent. Dès que tout le monde fut placé, on enleva le haut de cette ruche, qui prit la forme d'un baldaquin. Alors apparut M. de Malézieu comme placé sur un trône et déguisé en une monstrueuse mouche à miel, allongeant un dard de trois pieds de long.

Tout étant ainsi disposé, le héraut lut les statuts de l'Ordre, dont les principales conditions étaient d'être soumis aveuglément aux volontés de la reine ; de respecter les mouches à miel, et même de se laisser piquer galamment par elles. Chaque récipiendaire devait jurer, par le mont Hymette, de les observer religieusement, sous peine d'être banni de l'Ordre. Tout se termina par une ronde générale autour du grand-maître, qui menaçait de son dard les chevaliers qui pourraient devenir félons.

Quand un chevalier manquait, on choisissait parmi les aspirants qui étaient toujours en grand nombre, et la nomination se faisait à la majorité des voix.

A cette époque, la duchesse avait une jeune femme de chambre nommée mademoiselle Delaunay, qui devint plus tard madame de Staal. Cette jeune femme de chambre sortait de pension. Elle était très instruite, très fine et très spirituelle, mais fort gauche et très maladroite pour son service. La duchesse qui n'était pas indulgente, non seulement ne se servait d'elle qu'avec dédain et ne lui adressait jamais la parole, mais encore avait souvent l'air de la repousser. Mademoiselle Delaunay, qui avait le sentiment de ce qu'elle valait, était vexée de sa position humiliante, et surtout des mépris de sa maîtresse. Elle crut trouver l'occasion de sortir de l'état abject dans lequel elle était tombée, elle en profita.

Il s'était élevé une contestation au sujet de la nomination d'un chevalier de l'Ordre de la Mouche-à-Miel; le lendemain, mademoiselle Delaunay imagina d'écrire une protestation anonyme en style de palais et d'une écriture de chicane, qu'elle adressa au président du petit Collége. Alors chacun fit des conjectures, on nomma toutes les personnes qu'on crut capable d'avoir fait ce qu'on pouvait appeler cette espièglerie. Les soupçons se portèrent particulièrement sur Fontenelle, sur l'abbé Genest et sur Malézieu; mais personne ne devina qu'une pièce de cette nature put être conçue dans le cerveau d'une aussi insignifiante personne.

Mademoiselle Delaunay, qui était aux aguets de tout ce qui se disait, jouissait en secret du fruit de son œuvre. Alors elle fit les vers suivants qu'elle envoya à la même adresse :

N'accusez ni Genest, ni le grand Malézieux,
D'avoir part à l'écrit qui trouble vos cervelles.
L'auteur que vous cherchez n'habite pas les cieux.
Quittez le télescope, allumez des chandelles,
Et fixez à vos pieds vos regards curieux :
Alors à la clarté d'une faible lumière,
Vous le découvrirez gisant dans la poussière.

On ne devina pas encore ; mais quelque temps après, mademoiselle Delaunay eut occasion d'écrire une lettre à M. de Fontenelle, dans laquelle elle développa toute la richesse de son style fin et spirituel , qui fut trouvé de fort bon goût et par conséquent fort vanté ; de ce moment elle fut connue et appréciée. La duchesse, qui aimait beaucoup les gens d'esprit, la prit alors en grande amitié et l'employa d'une manière plus digne de son mérite. Toutes les personnes de la cour de Sceaux, qui n'avaient pas même soupçonné qu'il existât une demoiselle Delaunay, vinrent la féliciter et lui faire leur cour. Madame de Staal a publié des mémoires fort intéressants, et plusieurs comédies très spirituelles.

Par suite d'une petite indisposition , la duchesse se fit pratiquer une saignée par son chirurgien. Le bras tendu au-dessus d'une cuvette, elle se plaisait à admirer la beauté de son sang qui teignait cette cuvette d'un vif incarnat. — Ah ! dit-elle, c'est du sang noble çà ! ! ! — Oui, Madame, répondit le chirurgien, on sait que vous n'avez pas *le sang commun*. La du-

---

[1] La chronique parle de l'histoire d'un personnage qui allant faire une visite au château, s'étant assis par mégarde sur le mouchoir de la duchesse, l'égara dans un lieu que la susceptibilité du beau langage ne permet pas de nommer. Quelque temps après, la duchesse qui eut besoin de son mouchoir le demanda.—Demandez-en un autre, Madame, car celui que vous cherchez n'est pas disponible pour le moment ; mais il est en lieu sûr.

Elle parle aussi du legs d'un certain sifflet proposé par la duchesse

3

chesse qui aimait les bons mots ne s'en fâcha pas et rit beaucoup du calembourg [1].

Il y avait à cette époque un jeu fort à la mode qu'on nommait le hoca; c'était un jeu de hasard où l'on pouvait perdre beaucoup; mais on avait pour principe de jouer petit jeu à la cour de Sceaux. Quand le duc avait perdu 3 ou 4 francs, il disait qu'il avait eu une mauvaise soirée.

Tout n'est que passage dans ce monde, ce beau ciel de Sceaux, si brillant et si radieux, s'assombrit tout à coup, et ce charmant Éden se transforma en désert. Louis XIV était mort. Depuis trois ans le duc d'Orléans était régent. ' Du temps du roi, la duchesse du Maine rêvait le trône, du temps du régent elle rêva la régence. Avant la nomination du duc d'Orléans à la régence, elle reprochait à son mari de s'occuper beaucoup trop de science et pas assez de ses affaires. Elle lui disait : Vous verrez qu'un beau matin vous vous réveillerez membre de l'Académie et le duc d'Orléans régent.

Depuis que le duc était régent elle travaillait à le renverser. Albéroni, ministre du roi d'Espagne, qui n'aimait pas le duc d'Orléans, favorisait les projets de la duchesse de tout son crédit. Il avait chargé le

à son médecin, qui la priait de penser à lui dans son testament: le nom seul de l'instrument pourrait faire venir des nausées. Je n'en dirai donc rien de plus ici, bien persuadé que dame chronique tant soi peu caustique et caqueteuse, ne manquera pas de perpétuer ces faits curieux.

[1] Grand-père de Louis-Philippe.

prince de Cellamare, son ambassadeur en France, d'agir en conséquence, mais le projet fut découvert et échoua [1]. La duchesse du Maine fut arrêtée et enfermée dans la citadelle de Dijon; le duc dans celle de Dourlens; leurs fils, le prince de Dombes et le comte d'Eu, furent exilés en Normandie, et tous les amis et gens de la maison mis à la Bastille ou déportés.

Cet événement se passa en 1718. Le duc et la duchesse restèrent plus d'une année en captivité, et une partie des autres personnages les plus compromis, près de deux années. Le duc, qui du même coup perdit toutes ses charges et prérogatives, se sentit blessé au cœur et humilié sans pourtant l'avoir mérité; car il n'était pour rien dans les trames ourdies par sa femme, qui ne pensait qu'à satisfaire son ambition; aussi lui en garda-t-il rancune, et il ne consentit à revenir avec elle, à Sceaux, que longtemps après. Cependant, à la majorité de Louis XV, il fut réintégré dans l'exercice de ses charges; mais il ne put surmonter l'affront qu'il avait reçu, et il en garda un fond de chagrin jusqu'à la fin de ses jours. Il mourut en 1756, à l'âge de 64 ans.

La duchesse devint veuve à 60 ans, mais ce n'était pas une femme à s'affecter. A la mort de son mari, il y avait déjà longtemps qu'elle avait oublié sa disgrâce et repris le cours de ses habitudes et de ses plaisirs ordi-

---

[1] Marmontel dit qu'il fut découvert par une fille publique, nommée la Filon, que le prince Cellamare visitait souvent.

naires, car pour elle la gaîté c'était la vie. Après son année de veuvage elle continua donc sa vie joyeuse comme par le passé ; elle donnait souvent des bals dans une salle de marronniers où la jeunesse de Sceaux était conviée.

La duchesse aimait beaucoup les animaux ; elle avait une chienne qui faisait la morte et qui dansait une sarabande sur ses deux pattes de derrière, en japant en cadence. Elle perdit un chat qu'elle chérissait, le fit enterrer dans la Ménagerie sous un petit monument, avec cette épitaphe :

Cigit Mar-la-main, le roi des animaux.

L'épitaphe n'existe plus, mais on voit encore aujourd'hui le monument qui consiste en un piédestal, surmonté d'une urne, placé au milieu d'un rond de gazon dans la partie gauche des bosquets.

La duchesse mourut en 1753, à l'âge de 77 ans, 17 ans après son mari. Ils furent enterrés sous le chœur de l'église de Sceaux.

Après la mort de la duchesse, Sceaux parut bien désert, comparativement à ce qu'on l'avait vu, car les deux princes ses fils, qui lui succédèrent, avaient des goûts si sédentaires et si monotones, que souvent elle leur disait : « Ah ! mes fils, que vous êtes vieux ! » Alors tout changea de face, adieu les fêtes et les plaisirs !

Le prince de Dombes, comme l'aîné, devint propriétaire du domaine de Sceaux; mais il ne fit que

paraître et disparaître : il fut tué d'un coup d'épée
par le maréchal de Coigny, en 1755, Au sujet d'une
querélle de jeu. Voici comment l'événement arriva :
ils jouaient aux cartes ; le prince de Dombes gagnait
toujours ; le maréchal de Coigny, dans un mouvement
de mauvaise humeur, jeta ses cartes en disant : qu'il
n'y avait de bonheur que pour les bâtards ; le reste fut
la conséquence de ce mot.

Je ne veux pas terminer cette époque sans dire un
mot d'un personnage qui a joué un grand rôle à la
cour de la duchesse du Maine, c'est M. de Malézieu.

M. de Malézieu était le seigneur de Châtenay, ou du
moins on lui donnait ce titre comme propriétaire de la
maison seigneuriale [1]. Il avait été le professeur du
duc et devint l'intime ami de la maison. C'était un
homme charmant dans le monde, rempli de goût, de
gaîté, d'esprit et de savoir. Il avait de la fortune et du
loisir, et ne s'occupait que de science et surtout
de plaisirs qu'il aimait beaucoup ; aussi était-il l'in-
venteur et l'ordonnateur de toutes les fêtes de Sceaux.

Un jour, la veille de la fête de Châtenay, il reçut
toute la cour de Sceaux, pour laquelle il avait préparé
un magnifique dîner, et un divertissement pour la
soirée.

Le dîner fini, M. de Malézieu entre vêtu d'un costume bizarre, suivi d'un jocrisse portant des fioles

[1] M. de Malézieu habitait à Châtenay la maison qu'occupe aujour-
d'hui M. Dépré, rue d'Antony. Il mourut en 1727, âgé de 77 ans.

dans un panier ; puis s'adressant à la compagnie en
langage de charlatan, il annonce avec emphase la
vertu, la qualité et l'étonnante propriété de toutes ses
fioles. Il suffisait de boire une gorgée de la liqueur
qu'elles contenaient pour devenir à l'instant musicien,
homme d'esprit, savant, agile danseur, en un mot,
acquérir tous les talents et toutes les sciences humaines. Il y avait des compères déguisés en gros lour-
deaux sur lesquels on fit des essais qui amusèrent
beaucoup la société.

Pour la soirée, M. de Malézieu avait préparé une
comédie bouffonne en trois actes de sa façon, qui fit
beaucoup rire. La duchesse y jouait un rôle de sou-
brette, sous le nom de fine mouche ; on comprend
bien que M. de Malézieu ne s'était pas oublié dans la
distribution des rôles. La soirée se termina par des
danses de caractère.

QUATRIÈME ÉPOQUE.

LE COMTE D'EU

DEPUIS SON ENTRÉE EN JOUISSANCE DU DOMAINE DE
SCEAUX, EN 1755, JUSQU'AU DUC DE PENTHIÈVRE,
EN 1775.

Le comte d'Eu, second fils du duc et de la duchesse
du Maine, devint propriétaire de Sceaux, après la mort
de son frère, en 1755, et le garda jusqu'à sa mort.

Le comte d'Eu était gouverneur du Languedoc ;

mais il quittait peu Sceaux, qu'il aimait beaucoup. C'était un homme commun, de moyenne taille, qu'on aurait plutôt pris pour un bon paysan que pour un prince. On ne lui a jamais connu de femme, et tout porte à croire qu'il resta célibataire. Ses goûts simples et presque sauvages devaient nécessairement l'éloigner du monde et de toute alliance. Il n'aimait que la pêche et les travaux manuels. Il n'avait pas de luxe, et était très négligé dans sa toilette; il ne mettait pas sa culotte à l'envers, comme le roi Dagobert, mais elle était toujours tombante. Son bonheur était de se mettre en veste et en gros souliers, et de travailler avec ses ouvriers, qu'il traitait en camarades. Il s'occupait particulièrement d'ouvrages de tour et de menuiserie, pour lesquels il ne manquait pas de goût.

Cependant, malgré ses habitudes roturières, le comte d'Eu aimait les arts. J'ai vu dans la salle des estampes de la Bibliothèque royale, des dessins de pavillons, de berceaux et de portails qu'il fit exécuter en treillage dans ses jardins; ils peuvent passer pour des chefs-d'œuvre dans ce genre [1].

Le comte d'Eu passait pour avare et parcimonieux, parce qu'il faisait mettre des pièces à ses habits; mais c'était plutôt par manie que par économie; car il était généreux, et payait à son tailleur, pour une pièce

[1] Les monuments en treillages sont passés de mode. Aux XVIIe et XVIIIe siècles, on faisait des choses admirables dans ce genre.

bien rassortie, ce qu'un habit neuf lui aurait coûté.

Il avait un jardinier-fleuriste dont la femme était très féconde, car elle eut vingt-six enfants. A chacune de ses couches, il lui faisait un riche cadeau. Il passait pour très gaillard auprès des demoiselles villageoises qu'il aimait beaucoup à embrasser, et avait toujours quelques jolies choses à leur offrir. Il était généralement aimé de toutes les personnes qui l'approchaient, parce que, n'ayant pas de ton, il était accessible à tout le monde.

Le parc de Sceaux était toujours ouvert au public, qui pouvait s'y promener, excepté dans les jardins particuliers; mais le jour de Saint-Jean, le prince s'absentait avec intention, et on entrait partout. Il profitait de cette journée pour rendre ses visites du jour de l'an[1].

Un jour de Saint-Jean, il donna l'ordre de compter tous les équipages, fiacres ou autres voitures bourgeoises qui viendraient à Sceaux pour la fête : lesquels s'étendaient dans tout le pays et jusque dans les cours du château. Il s'en trouva plus de huit cents. Le fait est que le parc et les eaux attiraient un concours considérable de promeneurs.

Le comte d'Eu avait un chien extraordinaire qu'il appelait cinq-pattes, parce qu'il avait réellement ce nombre de pattes. On le rencontrait rarement dans son parc, sans ce fidèle compagnon, qu'il aimait beaucoup.

[1] D'autres attribuent ce fait à la duchesse du Maine.

Un homme de campagne lui apporta un jour une morille colossale fort curieuse. Il fit venir un peintre pour faire le portrait de cet homme tenant sa morille à la main. Il plaça ce tableau dans sa salle à manger. On le voyait encore du temps du duc de Penthièvre, au commencement de la révolution.

Le comte d'Eu a habité Sceaux vingt ans, sans pour ainsi dire être connu dans le pays, car sa vie était toute intérieure ; il ne voyait personne et recevait rarement chez lui. Cependant il fit beaucoup de bien dans Sceaux : on ne s'adressait jamais à lui en vain ; il donnait de l'ouvrage à ceux qui pouvaient travailler, et des secours de toute nature à ceux qui ne le pouvaient pas.

Par un contraste frappant, cet homme, si simple pour sa personne, entretenait son domaine avec un luxe vraiment princier.

Sa maison aussi était montée à la hauteur de son rang : il avait beaucoup de domestiques qui n'avaient que bien peu de choses à faire, et six pages qui ne faisaient rien du tout.

La maison rue de Picpus, connue aujourd'hui sous le nom de la maison des pauvres, servait d'infirmerie du temps des princes. Les personnes attachées au château, qui étaient malades, y allaient, et des infirmiers ou infirmières les soignaient.

Un des jeunes pages du comte d'Eu faisait souvent le malade pour y aller, parce qu'il avait une inclination, et que ce n'était que là qu'il pouvait voir la personne qui en était l'objet. C'était une jeune demoiselle nommée Duchesnes, qui venait chez les sœurs prendre des leçons, entre les heures d'école des enfants; mais le stratagème étant découvert, le beau page fut obligé de chercher un autre moyen.

On rapporte que dans les rares absences que le prince faisait à Sceaux, ses domestiques se donnaient des fêtes que leur maître n'aurait pu guère surpasser en luxe et en dépense, si tel eut été son goût. Ils recevaient leurs amis, leur donnaient des repas splendides, ensuite des bals, des spectacles, où rien n'était épargné. Le duc, qui ne l'ignorait pas, leur disait : « Quand je n'y suis pas, vous pouvez faire tout ce que vous voulez. »

On croit que le comte d'Eu avait une maîtresse qu'il fit loger dans la maison qui appartient aujourd'hui à M. Quatrin, place de l'Église, au coin de la rue Houdan.

Lors de la mort du comte, qui arriva en 1775, on lui fit un enterrement somptueux. Quarante pauvres, couverts de drap noir, portant chacun une torche à la main, suivaient le convoi en pleurant. Il fut enterré dans le chœur de l'église, à côté du duc et de la duchesse du Maine.

CINQUIÈME ÉPOQUE.

—

LE DUC DE PENTHIÈVRE

DEPUIS QU'IL DEVINT PROPRIÉTAIRE DE SCEAUX, EN 1775,
JUSQU'À LA RÉVOLUTION EN 1793.

Le duc de Penthièvre hérita du domaine de Sceaux,
du comte d'Eu, son cousin, en 1775, et le garda jusqu'à la révolution.

Il naquit à Rambouillet en 1725, il était fils du
comte de Toulouse et de Victoire-Sophie de Noailles.
Son père était fils légitimé de Louis XIV et de madame
de Montespan.

Le duc de Penthièvre avait les titres et prérogatives
des princes du sang. Il était grand amiral et grand ve-
neur. En 1744, il épousa la fille du duc de Modène,
charmante personne dont le caractère doux et soumis
fit le charme d'une union vraiment sympathique. Elle
mourut en 1754. Il passa sa vie pour ainsi dire à la
pleurer et ne se remaria pas. Il reporta une partie de
ses affections sur ses deux enfants, le prince de Lamballe et mademoiselle de Penthièvre; mais la perte
d'une épouse qu'il chérissait, influa sur toute sa vie,
et lui rendit le caractère triste et mélancolique.

Le duc de Penthièvre était bel homme, brave militaire et avait les manières et la tenue d'un prince. Il

fit sa première campagne à 17 ans, dans la guerre de la succession et se trouva à la bataille d'Estingen en 1742. A 20 ans, en 1745, il commanda à Fontenoy, en qualité de lieutenant-colonel ou lieutenant-général, car, il y a deux versions. Depuis, sa vie fut toute privée.

Le duc de Penthièvre était bon, bienveillant et bienfaisant sans ostentation; il n'était heureux que par ses bienfaits. Étant d'un caractère triste et ennuyé, il donna tout naturellement dans la dévotion, mais cette dévotion douce, philosophique et éclairée, qui élève et fait aimer l'homme et sa religion.

Le duc n'habitait pas Sceaux, qu'il n'aimait pas, et n'y paraissait guère que pour faire du bien; cependant il faisait toujours bien entretenir ce domaine, le visitait souvent avec ses enfants, et y reçut quelquefois.

Avant la révolution, entr'autres personnages marquant, il y reçut la comtesse du Nord. C'est ainsi qu'on nommait la douairière de Russie, mère d'Alexandre. Il lui fit voir tout son domaine ainsi que le joli pavillon qui était alors dans la ménagerie. On sait qu'Alexandre passa à Sceaux lors de l'invasion, à la restauration, en allant faire une visite au célèbre Laharpe, son ancien précepteur, qui habitait dans ce moment sa maison du Plessis. On remarqua que ses chevaux étaient attelés avec des cordes, suivant l'usage russe.

Le prince de Lamballe causa beaucoup de chagrin à

son père par son inconduite et ses débauches qui le précipitèrent au tombeau à l'âge de 20 ans [1].

Quand la révolution éclata, le duc de Penthièvre donna le domaine de Sceaux à sa fille qui était alors duchesse d'Orléans, et il se retira à Vernon.

En 1792, il fut dénoncé [2]; on envoya des agents pour l'arrêter et l'amener à Paris; mais les habitants de Vernon dont il commandait la garde nationale s'y opposèrent jusqu'à prendre les armes pour sa défense : alors on lui laissa finir ses jours en paix.

Le duc de Penthièvre fut généralement aimé et estimé de tous ceux qui le connurent. Au sujet de sa mort qui arriva en 93, on trouve sur le registre de la commune de Sceaux, une délibération du conseil en date du 8 mars 1793, par laquelle il est dit que pour rendre hommage à la mémoire de ce prince, un service funèbre serait célébré pour lui dans l'église de Sceaux. Cette décision fut votée à l'unanimité, et tout le conseil assista à la cérémonie.

Après sa mort il fut transporté à Dreux où la du-

---

[1] On rapporte que le duc de Penthièvre voyant le déréglement de son fils, le fit surveiller. Le prince s'en étant aperçu, demanda à l'homme commis à cet effet, ce que son père lui donnait pour cet office. — 50 louis, répondit l'homme ! — Eh bien ! j'y ajouterai 50 coups de canne, si je t'y retrouve. L'homme reçut les 50 louis ; mais évita les coups de canne, en cachant la vérité au duc.

[2] On croit qu'il fut dénoncé comme ayant conservé son argenterie. Par un décret de la Convention, il était dit que tous ceux qui avaient de l'argenterie devaient la porter au trésor en échange pour des assignats ; une infraction à cette loi était un crime puni de mort.

chesse d'Orléans, sa fille, lui fit faire un magnifique mausolée avec une chapelle. Trente-six jours plus tard parut un décret de la convention qui mettait tous les princes de la famille des Bourbons en état d'arrestation et tous leurs biens sous le séquestre.

Le duc de Penthièvre était un des plus riches princes de France. Il suffira pour donner une idée de sa fortune de dire qu'il possédait 22 châteaux.

Je pourrais terminer ici cette époque; c'est peut-être m'écarter de mon sujet, mais il m'est impossible de résister à l'entraînement, il faut que le lecteur me permette de dire encore ce que je sais sur deux personnes qui méritent à tant d'égards par leurs vertus et leurs malheurs, la sympathie publique : on comprend qu'il est question de la duchesse d'Orléans et de la princesse de Lamballe, l'une fille et l'autre bru du duc de Penthièvre.

Le prince de Lamballe fils du duc de Penthièvre, se maria en 1767, à l'âge de 19 ans, avec la princesse de Carignan, fille du roi de Sardaigne, âgée de 18 ans, charmante personne, douée de mille qualités et des vertus les plus douces. Elle ne fut heureuse que quatre mois. Au bout de ce temps, son mari la délaissa pour des femmes perdues qui le précipitèrent au tombeau à 20. Dans ses quatre mois de bonheur, la princesse écrivait à sa mère [1]: Oh! ma mère! que les Français sont aimables! Qu'il est doux de trouver un plaisir en remplissant un devoir! Charmantes paroles qui prouvaient toute la candeur de son amour, et de son ingénuité.

Lors de son mariage, le prince de Lamballe alla au-devant de sa fiancée jusqu'à Montereau. Au moment de se mettre à table, un beau page présenta un bouquet à la princesse de la part de son mari. Elle lui trouva de la ressemblance avec le portrait qu'on lui avait envoyé de son futur, mais elle ne dit rien. Le lendemain matin pendant qu'elle faisait sa toilette pour son départ, une jeune fille du pays, demande à lui parler; elle entre, se jette aux pieds de la princesse et lui dit : Madame, je viens implorer vos bontés. J'ai un cousin que j'aime dès mon enfance, et par ce qu'il n'a pas 4,000 francs, on veut que j'en épouse un autre. Ah! madame, c'est comme si on ne voulait pas vous donner le beau page qui vous a présenté hier le joli bouquet que vous avez là. J'entends, dit la princesse, c'est 4,000 francs qu'il faudrait. Et elle les lui fit donner.

La duchesse de Lamballe était aimable, spirituelle, plaisante et très gaie. Un jour qu'elle était dans le cabinet du duc de Penthièvre, on présenta au prince une femme extrêmement laide, mais qu'il embrassa très galamment, malgré sa laideur. Madame de Lamballe eut toutes les peines du monde à ne pas éclater de rire, et

---

[1] Elle ne se doutait pas alors qu'ils devaient la massacrer. On connaît sa fin tragique.

dit tout bas à une de ses dames: Oh! il est fâcheux que papa n'ait pas quelques jolis péchés à expier, car ce baiser lui vaudrait des indulgences.

On rapporte dans les mémoires de la princesse de Lamballe, que le 19 septembre 1785, cette princesse assista à Versailles, avec toute la cour de Louis XVI, à la première ascension d'aérostat qui fut élevé dans les airs, par Mongolfier. Il avait renfermé dans une cage trois animaux de mœurs différentes : un coq, un agneau et un canard. Ces trois animaux descendus sains et saufs, furent conservés dans la ménagerie du roi toute leur vie.

La princesse Lamballe mourut en 1792, à 45 ans. Elle fut massacrée, comme on le sait, et sa tête portée au bout d'une pique dans tout Paris.

La duchesse d'Orléans, mademoiselle de Penthièvre, naquit en 1753, elle se maria en 1769, à 16 ans, avec le duc de Chartres, fils du régent qui devint duc d'Orléans après la mort de son père, en 1752. Le duc de Chartres était né en 1747, il avait ses qualités et ses défauts comme la plupart des hommes; il était bon et bienfaisant, mais bien débauché. Quand le duc de Penthièvre proposa ce mariage à sa fille, elle lui répondit que les enfants ne doivent avoir d'autres volontés que celles de leur père. Mais lui dit son père,

c'est que je crains bien qu'il ne te soit guère fidèle.
Oh! mon père, tous les princes ont des maîtresses,
pourvu que je sois la préférée, je serai heureuse.

De ce mariage naquit un prince en 1773; c'est
Louis-Philippe, le roi d'aujourd'hui; et deux prin-
cesses en 1777, qui vinrent jumelles, dont l'une est
madame Adélaïde.

Quand le duc de Penthièvre donna le domaine de
Sceaux à la duchesse d'Orléans, elle vint en prendre
possession. A ce sujet, les habitants de Sceaux allèrent
la complimenter. Il y eut ensuite un grand dîner, où
les notables du pays furent conviés.

Après la mort de son père et de son mari, qui arri-
vèrent toutes deux en 1793, la duchesse se fixa à Vernon. De ce moment commencèrent ses persécutions et
ses malheurs. Le comité de sûreté générale ou de salut
public, envoya des gendarmes pour l'arrêter comme
suspecte, mais les habitants de Vernon s'opposèrent
encore une fois à une arrestation injuste, en disant que
si la duchesse était suspecte, ils sauraient bien la surveiller, qu'en conséquence, ils se chargeaient de la
garder. En 1794, menacée d'une nouvelle tentative
d'arrestation, craignant de compromettre la ville qui
s'était déjà dévouée pour elle et pour son père, elle se
rendit à la prison du Luxembourg à Paris. De là on la
transféra à la maison Bellehomme, qui était aussi une
espèce de prison. Plus tard un député nommé M. de
Folmon, la fit partir secrètement pour l'Espagne, sous

la sauve-garde d'un officier qui la conduisit jusqu'à la frontière.

La duchesse entrée en Espagne, alla rejoindre sa fille, madame Adélaïde, qui était à Figuières.

En 1808, lors de l'entrée des troupes françaises en Espagne, elle fut obligée de se sauver à pied et de se réfugier dans un couvent. Après 20 ans de séparation, elle alla retrouver son fils Louis-Philippe à Mahon. Ne s'y trouvant pas en sûreté, ils partirent ensemble pour Palerme, où eut lieu (en 1809) le mariage de Louis-Philippe avec la princesse Marie-Amélie de Sicile, reine des Français aujourd'hui.

A la restauration, en 1814, la duchesse rentra en France et revint à Paris avec sa famille. En 1815, lors de la rentrée de Bonaparte dans les cents jours, elle eut un moment de terreur ; cependant elle resta à Paris. Bonaparte alla lui faire une visite, la rassura, et lui donna une garde d'honneur. Vers cette époque, elle tomba dans un escalier, où elle se cassa la cuisse. En 1821, elle mourut à Ivry, des suites d'un autre accident. En cherchant un ouvrage dans sa bibliothèque, un volume lui tomba sur le sein ; il lui vint un cancer qui la conduisit au tombeau à 68 ans.

On rapporte que du temps de la captivité de la duchesse à Paris, madame Moullé mère, qui avait été sa fermière, lui envoyait tous les jours du lait de la ferme du Plessis. Après un certain temps, la duchesse lui fit demander son mémoire, mais madame Moullé lui répondit qu'elle ne lui devait rien; puisque le lait qu'elle lui avait envoyé lui appartenait comme étant du produit de sa ferme. (La ferme du Plessis, dépendait du domaine de Sceaux.)

Il ne me reste plus pour terminer cette époque, que de rapporter un événement qui s'est passé à Sceaux vers 1777.

Dans ce temps, la route de Sceaux au Bourg-la-Reine faisait un circuit à l'endroit où était la diane. Un soir vers neuf heures, M. de Fressy qui, alors était curé de Sceaux, revenait tranquillement du Bourg-la-Reine, quand il fut tout à coup arrêté à cet endroit par un nommé Devic, boulanger à Sceaux, qui lui demande *la bourse ou la vie*. Malheureux! lui dit M. de Fressy, quel métier fais-tu là! et qu'en ferais-tu de ma vie? A l'égard de ma bourse, je n'ai rien sur moi, mais viens demain matin me voir, et je te donnerai ce que je pourrai.

Le lendemain matin, cet audacieux coquin qui avait reconnu M. le curé, eut l'effronterie d'aller le trouver. Conformément à sa promesse, M. de Fressy lui donna un peu d'argent; mais en même temps l'admonesta fortement et le congédia.

Quelque temps après, ce même Devic assassina de complicité avec sa femme, un marchand de Longjumeau, nommé le père Maquignon, auquel ils devaient 1200 francs. Cet infortuné était venu pour compter avec eux. Ils le firent, avec intention, rester à souper; puis lui persuadèrent ensuite qu'il était trop tard pour s'exposer en route chargé d'argent, et l'engagèrent à coucher chez eux. Pendant qu'il faisait sa prière, il l'assommèrent avec un merlin, mirent son corps dans leur charrette et allèrent le porter dans les blagies, pour donner le change sur le lieu où le crime avait été commis. Le lendemain matin, on trouva son cadavre; alors on fit des recherches. Après une enquête, les coupables furent reconnus, jugés et condamnés: l'homme à être rompu vif, et la femme à être pendue. La sentence fut exécutée sur la place de l'Eglise à Sceaux. On remarqua que la femme, qui était une effrontée, avait mis beaucoup de coquetterie pour mourir. Elle s'était vêtue de ses plus beaux habits de fête. Sa chaussure surtout était remarquable : elle avait des bas d'une blancheur éblouissante. Sa robe un peu courte, laissait voir des jambes et des pieds admirables.

La femme fut exécutée la première. Vint ensuite le tour du mari qui poussait des cris à faire dresser les cheveux, à chacun des coups que l'exécuteur lui portait.

Les curieux de tout l'arrondissement vinrent voir cette horrible exécution, et ils furent tellement nombreux, qu'on en voyait jusque sur les toits des maisons.

SIXIÈME ÉPOQUE.

—

TOUT CE QUI S'EST PASSÉ D'IMPORTANT A SCEAUX, PENDANT
LA RÉVOLUTION, DEPUIS 1789, JUSQUES AU CONSULAT,
EN 1799.

Les premiers actes de la révolution causèrent des
désordres qui s'étendirent dans toute la France. A la
sainte Anne (1789), il y eut une terreur panique qui
mit tout le monde en émoi : on prétendait qu'une
troupe de forcenés parcouraient les campagnes, en
détruisant tout sur leur passage. Cette terreur eut une
telle spontanéité, que partout à la fois, on se crut sous
le coup de cette troupe qui n'existait nulle part. On
sonne le tocsin, on fait des barricades; les uns mon-
tent des pavés dans leurs chambres, les autres se sau-
vent dans les bois ou vont se cacher jusque dans les
regards des eaux d'Antnay. Une pauvre femme de
Sceaux ne pouvant pas marcher, grimpe sur le toit
de sa maison et va se blottir derrière une cheminée,
d'où il fallut la descendre avec des cordes.

Dans un élan de patriotisme, on planta partout
l'arbre de la Liberté, c'étaient des peupliers qu'on
ornait de rubans. Celui qu'on planta sur la place
de l'église de Sceaux fut la cause d'un accident. Un
petit garçon nommé Déquerre s'étant approché im-

prudemment, eut les deux jambes cassées par un renversement de cet arbre.

En 1791, il y eut un service funèbre pour la mort de Mirabeau, qui fut célébré en grande pompe sur la place de la ferme en face du château. On y avait dressé un autel à quatre faces, sur lequel on officia. On y lisait cette inscription : *Aux mânes de Mirabeau.* Les autorités, la garde nationale et les habitants de Sceaux assistèrent à la cérémonie.

M. Desgranges fils, qui était tout jeune alors, commandait une compagnie d'une cinquantaine d'enfants de dix à douze ans, habillés et équipés comme de petits soldats, qu'on appelait, *Royal-Bonbon.* Ils portaient deux pistolets passés dans leur ceinture; ils avaient aussi leur drapeau, leur fifre et leur tambour.

Depuis l'agrandissement du parc par M. Colbert, la route de Sceaux au Bourg-la-Reine n'était pas droite comme elle l'est aujourd'hui. En face du petit clos qui appartient à la société, entre le potager de la Ménagerie et la maison à Bourcié, il y avait un avant-corps formant un rond-point saillant nommé la Diane, du nom d'une statue en bronze qui était à cet endroit; alors la route faisait un circuit autour de cet avant-corps, en passant dans le petit clos dont je viens de parler, pour reprendre ensuite sa direction en ligne droite.

Vers les temp de la révolution de 89, ce parc devint, comme je l'ai dit, la propriété de madame la duchesse

d'Orléans, épouse du fils du régent sous Louis XV,
et père du roi régnant aujourd'hui. Les notables du
pays s'étant réunis à l'intention de demander la suppression de cette Diane, se rendirent en députation
auprès de la duchesse, qui les reçut avec bonté, et
consentit bien volontiers à leur demande. En conséquence, la Diane disparut, et la route devint droite.
Avec le reste du rond-point et la demi-circonférence
décrite par la route, on fit un jardin connu encore de
nos jours sous le nom de jardin de la Diane.

Quant au mari de la duchesse, chacun sait qu'il
adopta les idées d'alors, se laissa déborder par la terreur révolutionnaire, se plut à en suivre le cours et
abjura ses titres de famille et de noblesse pour prendre celui d'Égalité. Mais son caractère remuant l'ayant
fait devenir suspect, Philippe-Égalité disparut, comme
tant d'autres victimes de ce temps, sous l'égalité tran-
chante de la guillotine.

En 1790, un nommé Pallois, maître maçon, entrepreneur de bâtiments, habitait l'hôtel où est aujour-
d'hui la sous-préfecture, qu'il bâtit pour lui, et dont
il était propriétaire. C'était un homme remuant, très
chaud patriote, très enthousiaste pour les nouvelles
idées, et dont j'aurai souvent à entretenir mes lecteurs, car il fut l'ordonnateur de toutes les fêtes qui
eurent lieu à Sceaux dans ce temps, pour lesquelles
il payait une grande partie des dépenses [1].

[1] Pallois, après avoir été dans l'aisance, tomba dans le dénûment,

C'est ce même Pallois qui, en 89, entreprit la démolition de la Bastille.

Il fit faire à ses frais des modèles en pierre, en bois et en plâtre de cette fameuse et épouvantable prison d'état, qu'il envoya dans tous les départements, avec des médailles en fonte, provenant du fer de ses terribles verroux. Il envoya également des dalles faites avec des pierres de cette Bastille sur lesquelles il fit graver les droits de l'homme.

Dans les années de 91 à 94, Pallois imagina une série de fêtes publiques qui donnèrent réellement la vie à Sceaux, en dépit de la misère qui régnait alors dans presque toutes les classes de la société. La disposition de ces fêtes était si nouvelle et si originale, il y régnait tant de franchise, d'élan, de gaîté, elles attirèrent dans Sceaux une affluence si considérable de monde des pays circonvoisins, qu'on oubliait absolument le temps où l'on vivait pour ne penser qu'à se réjouir. Il y eut des fêtes patriotiques par toute la France, mais il n'y en eut peut-être pas de plus enivrantes que celles de Sceaux.

Une des premières fêtes imaginées par Pallois, eut lieu

et sans les bienfaits de Louis-Philippe, après son avénement au trône, qui lui donna une pension, il serait mort dans la misère. Il mourut à Sceaux, en 1855, dans la maison de Madame Henry Jacot, la même semaine que sa femme. M. Bonnellier, homme de lettres, voulut faire un discours sur sa tombe, mais il se trouva mal et ne put l'achever.

à l'occasion de l'anniversaire de la prise de la Bastille. A cette même Diane dont il vient d'être parlé, on avait formé grossièrement une sorte de cachot; et là, on fit le simulacre de la délivrance d'un prisonnier qui aurait été victime de l'ancien régime. C'était un vieillard chargé de chaînes et vêtu de haillons, à intention, que l'on fit sortir de ce lieu aux acclamations de tout le monde. On le promena dans tout le pays, et ensuite on le reconduisit chez lui en triomphe au son des fanfares et des chants patriotiques.

En 92 eut lieu une autre fête en l'honneur de Barat et Viola, deux enfants marins, victimes de leur audace patriotique, ou pour mieux dire, de leur fanatique témérité; car ils furent tués par les Anglais pour leur avoir montré leur derrière étant sur un vaisseau qu'ils sommaient de se rendre. Leurs bustes furent portés en triomphe à la Convention, escortés par la garde nationale, à la tête de laquelle on n'avait pas oublié les fifres et les tambours.

Ensuite Pallois donna une fête à la Liberté, dont sa fille [1], qui était une fort belle femme, était la déesse. Elle était coiffée du fameux bonnet phrygien et drapée de manière à laisser voir une partie de ses formes, qu'on pouvait croire nues, n'étant gazées que par un tricot couleur de chair. Elle était traînée sur un char brillant, orné des emblèmes, devises et inscriptions

---

[1] Mademoiselle Pallois, qui devint plus tard Madame M***, mourut en 1840.

analogues aux circonstances, et accompagnée d'un nombreux cortége dans lequel figuraient des guidons, où on voyait inscrits le nom des villes et des départements qui s'étaient le plus signalés par leur patriotisme; le tout escorté par la garde nationale, et égayé par des airs et des chants à électriser tout l'arrondissement [1].

Une autre fois, c'était une fête à l'Agriculture, où tous les attributs et les instruments aratoires servaient d'emblèmes. Un ancien cultivateur de Sceaux, nommé le père Laisné, précédé d'une charrue et d'une herse, semait des devises analogues aux circonstances au lieu de grain. Il était accompagné dans le parc et dans le pays, d'un cortége immense. M. Muiron, qui depuis fut maire de Sceaux, assista à cette fête en qualité de président de l'administration municipale, et traça lui-même un sillon dans le parc avec une charrue.

Par suite d'une autre idée, ce même Pallois donna une fête en l'honneur des vieillards. Plusieurs vieillards drapés à l'antique, avec des cheveux et des barbes en crin blanc, le bâton à la main, étaient traînés sur un char orné de tout ce que l'imagination put inventer pour produire de l'effet, et attirer la foule [2]. Mais la plus grande fête qui fut donnée à

---

[1] Pallois était très peu lettré, les couplets et les chansons qu'il publia sous son nom, furent faits par un homme de lettres dont la veuve est aujourd'hui ouvreuse de loge au théâtre du Palais-Royal.

[2] Un de ces vieillards mourut des suites du froid qu'il éprouva pendant la cérémonie.

Sceaux sous les auspices de Pallois, celle qui attira la plus grande affluence de monde, fut, sans contredit, celle de l'Être-Suprême.

Il y eut un cortége magnifique qui alla jusqu'à l'ancien château, où l'on fit une pause. Les autorités y étaient accompagnées de la garde nationale et d'un grand nombre de personnes marquantes, portant des inscriptions conformes aux idées d'alors. Les dames et les demoiselles des premières maisons de Sceaux, assistaient à ce cortége, avec des corbeilles de fleurs qu'elles jetaient sur le passage. Cette fête se termina par un très joli bal dans le parc.

Ensuite eut lieu la fête à la Fraternité, fête qui du reste fut célébrée par toute la France.

On avait dressé des tables dans une des grandes allées du parc, qui était ouvert au public, et rien ne fut épargné pour rendre le banquet joyeux. Le pain, le vin et la bonne chère y étaient en abondance : ceux qui avaient portaient ; ceux qui n'avaient pas trouvaient leur couvert mis ; et là, on mangeait, on buvait, on chantait et on dansait sur l'herbe, comme dans un paradis terrestre. On avait aussi dressé des tables dans les rues, et beaucoup de personnes mangeaient à leur porte. Pallois avait fait établir au bout d'une allée le simulacre d'un gigantesque niveau, et il invitait tout le monde à passer sous le *niveau de l'égalité*. Je me rappelle d'avoir passé sous ce niveau.

Au sujet de ce repas, une pauvre femme qui, proba-

blement, n'en faisait pas souvent d'aussi bon, et dont
je ne me rappelle pas aujourd'hui le pays, fut trou-
vée le lendemain morte d'indigestion, et ses poches
encore pleines de provisions qu'elle avait amassées.

Pallois donna encore quelques fêtes, mais qui
eurent moins de retentissement, notamment la fête
de la Raison, et celle de la jeunesse. Toutes ces fêtes
avaient toujours lieu les décades [1].

Il y eut aussi une fête aux Poules-Pintades dans
le Parc [2], où l'on distribua des couronnes civiques aux
personnes qui avait fait de belles actions. M. Maufra
de Châtillon, entre autres, en reçut une pour avoir
sauvé la vie à une femme dans un incendie, en se je-
tant à travers les flammes.

En 94, M. Desgranges père, notaire à Sceaux, fut
nommé secrétaire-général du district du Bourg-la-
Reine. Un simple ouvrier de fabrique en était le syndic.

Une querelle s'éleva au sujet des élections dont
M. Desgranges faillit être victime; on dit même qu'il
fut frappé d'un coup de baïonnette. Dans leur épouvante, plusieurs personnes vinrent dire que M. Desgranges venait d'être tué par des furieux du Bourg-la-
Reine. Aussitôt les habitants de Sceaux prirent les armes, avec deux pièces de canon qui étaient alors à
leur disposition, et partirent pour le venger; mais

---

[1] On sait que les semaines étaient alors de 10 jours.
[2] Lieu nommé ainsi parce qu'il y avait de ces poules à cet endroit.

ils n'allèrent pas bien loin; ils le rencontrèrent qui revenait sain et sauf, et le reconduisirent chez lui comme en triomphe.

Pendant ce temps, les habitants du Bourg-la-Reine, qui avaient senti leur tort et craignaient des représailles, s'étaient retranchés dans un grand fossé appelé la rivière d'Yvette.

La vie de M. Desgranges fut encore une fois compromise à l'Hay, au sujet de la disette des grains, parce qu'il s'était opposé à la violence de ceux qui voulaient s'emparer des grains d'un fermier. Il fut sauvé par les habitants de Sceaux, au moment où on s'apprêtait à le pendre à la corde de la poulie du grenier de la ferme où il se trouvait.

En 95, lors de la disette, il y avait à Sceaux un marché aux grains; mais comme on voulut forcer les marchands à vendre au maximum, ils ne revinrent plus : dès-lors plus de marché.

A cette déplorable époque, où tout ordre était interverti, c'étaient, non les plus capables, mais les plus audacieux qui gouvernaient; et Dieu sait où ils nous auraient menés si les honnêtes gens ne se fussent pas mis à la tête des assemblées populaires pour en épurer les actes, autant que possible, et y maintenir un peu de décence. Cependant il arriva souvent qu'ils furent débordés, car il était dangereux de trop résister aux mauvaises passions, dans un moment où la sagesse et la modération étaient imputées à crime. Grâce donc à l'intervention des hommes prudents, Sceaux fut préservé de tout désordre.

Pour arriver à un aussi heureux résultat, voici le moyen que M. Desgranges imagina : ce moyen était hardi, mais il réussit. Il engagea les honnêtes gens à se réunir à lui ; puis dans une assemblée, il proposa une sorte d'élection répulsive ou admissible des membres qui devaient en faire partie. Alors chacun subissait l'épreuve du scrutin ; la question se posait ainsi : le citoyen un tel est-il digne ou capable de faire partie de l'assemblée populaire ? Sur la réponse affirmative, l'élu était admis ; et sur la négative, les censeurs le faisaient sortir à l'instant. Par ce petit coup d'état, la commune qui jusqu'alors n'avait été administrée que par les hommes les plus infimes du pays, se trouva sous la direction de personnes dignes de sa confiance : tels que : MM. Desgranges, Muiron, Maufra, Thore père, Garnon père, etc. Ainsi le calme et la sécurité régnèrent à Sceaux.

Un seul trait servira à caractériser cette ridicule époque, et à faire voir jusqu'où l'aberration des idées peut faire dévier de l'ordre. Quelqu'un demanda M. Desgranges, président ; un misérable en haillons répondit qu'il n'y avait pas ici de monsieur, qu'il n'y avait que des citoyens ; au surplus, reprit-il, tu peux me dire ce que tu as à dire : *qui parle à moi parle à Desgranges*. Il se croyait sans doute autant que Desgranges.

J'ai dit que le duc et la duchesse du Maine furent enterrés dans un caveau sous le chœur de l'église de Sceaux. Au moment de tous ces désordres, des furieux sans pudeur avaient déjà brisé leurs tombeaux quand M. Maufra, qui était homme de bien, vint s'opposer à cette profanation et fit porter les restes de ces deux personnages dans l'ancien cimetière.

Vers cette époque, il se passa à Sceaux un événement qui jeta l'épouvante, non-seulement dans tout le pays, mais même dans les communes voisines. Un mauvais gueux nommé Chauvin, propriétaire d'une maison rue de Voltaire, au coin de la rue de la Lune, se trouvait endetté par suite de mauvaises affaires. C'était un homme misanthrope, vindicatif et jaloux ; il en voulait à tout le monde, et particulièrement à son voisin. Il résolut de se venger de tous d'un seul coup.

La veille de Saint-Jean, en 93 ou 94 (on devait vendre le lendemain chez lui, ses meubles qui étaient saisis), il amassa une grande quantité de combustibles, plaça un baril de poudre au milieu, disposé de manière cependant à ce qu'il ne pût faire explosion qu'après un certain temps, *et mit le feu ;* et là, en embuscade, armé d'un fusil, il menaçait de tirer sur les personnes qui oseraient approcher. Son voisin parut, il fit feu sur lui, mais il le manqua. Cependant l'alarme était donnée :

le tocsin sonnait ; une affluence considérable de monde entourait sa maison : c'était ce que ce forcené désirait. Heureusement ses vœux homicides ne se réalisèrent pas ; il fut promptement étouffé par la fumée et l'on put arrêter les progrès du feu à temps, car par l'explosion inévitable du baril, il serait arrivé de grands malheurs.

On croit à ce sujet que Pallois, ayant connaissance du baril de poudre, se précipita dans les flammes par dévouement, et arriva à temps pour le retirer, au moment où il allait s'enflammer.

Quand le feu fut éteint, on trouva le cadavre de Chauvin réduit en charbon ; on voulait le traîner dans les rues, mais M. Desgranges s'y opposa ; alors on le porta au cimetière sur une brouette. Vingt ans après cet événement, on voyait encore les ruines de cette malheureuse maison.

Après avoir parlé d'un misérable qui appartient à l'histoire de Sceaux, je vais présenter à mes lecteurs un personnage beaucoup plus intéressant, et qui, par un contraste diamétralement opposé, gagna l'affection de tout le monde ; je veux parler de Florian.

Le chevalier de Florian naquit dans les Basses-Cévennes, en 1755. A quinze ans, il entra chez le duc de Penthièvre en qualité de page. Plus tard il prit le titre de gentilhomme du prince qui l'aimait beaucoup et le chargeait de distribuer ses bienfaits. A trente-trois ans, en 1788, il fut reçu membre de l'Académie.

Au sujet de sa réception à l'Académie, M. de Penthièvre, qui en était le président, donna un repas à tous
les membres de ce corps dans une des galeries du château. On y remarqua un monstrueux poisson porté sur
un plateau par six *cent-suisses* [1].

Florian servit en Flandre en qualité de capitaine
dans un régiment de dragons sous le commandement
du duc de Penthièvre [2].

En 1790, malgré la répulsion qu'on avait pour la
noblesse à cette époque, Florian inspirait tant de confiance et de sympathie aux habitants de Sceaux, qu'ils
lui confièrent le commandement de la garde nationale.
Pour sa réception, qui eut lieu à la première fédéra-
tion, la garde nationale lui donna un magnifique banquet dans l'orangerie du château. On alla le chercher
chez lui avec les fifres et les tambours.

Quelque temps après sa nomination, Florian passa
la garde nationale de Sceaux en revue dans le parc et
lui fit une allocution dans laquelle il expliqua la mo-
narchie constitutionnelle et représentative, comme l'a-
vait conçue l'assemblée nationale.

Florian mourut *d'une mort prématurée,* en 1794, à
l'âge de trente-neuf ans. Voici comment on raconte

---

[1] Les cent-suisses étaient une compagnie de suisses qu'on appelait
ainsi parce qu'ils étaient cent.

[2] Une biographie lui donne le titre de lieutenant-colonel, mais
cette version ne me paraît pas probable, il n'a pas servi assez de
temps pour arriver à ce grade.

l'événement qui avança ses jours. Par une de ces lois brutales, bien digne de son temps et de ceux qui l'ont votée ; il était défendu aux nobles de paraître dans les assemblées populaires. Florian avait fait une chanson patriotique qu'on lui avait demandée ; mais personne ne pouvait la mettre sur l'air ; alors on le pria, on le força même de la chanter dans une assemblée, ce qu'il fit. Il fut dénoncé pour ce fait, enlevé et condamné en peu de jours. Heureusement pour lui, que la mort de Robespierre arriva dans ce moment, car il n'avait plus qu'un ou deux jours à vivre.

Aussitôt que les prisons furent ouvertes, les habitants de Sceaux allèrent au-devant de lui et le ramenèrent en triomphe aux acclamations de tout le monde. Mais malheureusement le coup était porté : soit la terreur ou la joie, soit le contraste subit de l'un à l'autre, il mourut peu de temps après à Sceaux, rue du Petit-Chemin, au coin de la rue de la Petite-Croix, dans la maison qui appartient aujourd'hui au sieur Boutigny.

Quarante-cinq ans plus tard, en 1839, ses restes furent exhumés et transportés dans le petit clos auprès de l'église, où son buste est posé sur une colonne tronquée. Les autorités locales, la garde nationale et les habitants de Sceaux assistèrent à cette cérémonie. M. Lemercier, membre de l'Académie et condisciple de Florian, fut envoyé en députation pour cette cérémonie, au sujet de laquelle il prononça un discours. Le buste de Florian fut fait au moyen d'une souscription ouverte par M. Garnon.

Florian fit *Galatée, Estelle, Numa, Gonzalve*, l'*Histoire des Maures* et une infinité de contes, nouvelles, fables et comédies qui lui ont fait sa réputation d'auteur. Le fait est que tout ce qu'il a écrit, est rempli de charme et d'intérêt, mais un peu monotone peut-être. Ségur disait en parlant de ses œuvres : « Ses bergeries sont charmantes ; mais elles le seraient bien davantage, si de temps en temps on y voyait quelques loups. »

En 93, le domaine de Sceaux fut déclaré bien national. Le gouvernement d'alors en commença la destruction par l'enlèvement d'une partie des plombs qu'il fit porter à l'arsenal pour faire des balles. Une partie des livres de la bibliothèque fut destinée à aller au même lieu pour faire des cartouches. Un libraire l'ayant appris, s'entendit avec le chartier chargé du transport, y substitua des bouquins insignifiants, fit porter les livres de Sceaux en Angleterre et réalisa un bénéfice considérable. Cependant tout ce que ce domaine renfermait de précieux ne fut pas perdu pour la France : avant la vente, qui n'eut lieu qu'en 98, on sauva les objets les plus précieux, qui furent transportés au Luxembourg, aux Tuileries et au Musée des Petits-Augustins.

Dans le principe, ce domaine ne devait pas être vendu. Par un décret de la Convention, Sceaux et Meudon devaient être réservés à des écoles d'agriculture.

Déjà on y cultivait du tabac, et on y avait fait venir des buffles, des vaches, des taureaux et des moutons d'Espagne; mais malheureusement ce projet n'eut pas de suite et le domaine de Sceaux fut vendu.

Lors de la vente de Sceaux par l'État, en 98, le cahier des charges de cette vente, à la rédaction duquel M. Desgranges avait concouru comme administrateur du district, portait que le passage dans le parc serait réservé pour aller de Sceaux à Antony et à Châtenay, et de Châtenay au Bourg; on ne sait comment cette réserve n'a pas été renouvelée dans l'acte de vente, car elle ne préjudiciait réellement à personne à cette époque. C'était M. Trévillé, ancien maire de Sceaux, qui était administrateur au département dans ce moment. On attribue cette omission à sa négligence, par laquelle les intérêts de la commune ont été entièrement abandonnés dans cette importante circonstance.

Aussitôt cette vente effectuée, M. Lecomte, acquéreur, fit démolir le château et les cascades; vendit tous les bois sur pied et tous les matériaux provenant des démolitions : en sorte que ce magnifique domaine, digne de l'habitation d'un roi, qui faisait les délices des promeneurs de Paris et des environs depuis cent cinquante ans, disparut comme une ombre. C'est aujourd'hui une belle ferme.

On a blâmé M. Lecomte d'avoir détruit le domaine de Sceaux : il est vrai que c'est un grand malheur pour le pays; mais c'est le malheur du temps, car il faut être juste avant tout : que voulait-on qu'il en fît? Une telle propriété ne pouvait être fructueuse qu'en la détruisant; elle devait donc être détruite. Les hommes agissent toujours dans leur intérêt, l'Etat avait intérêt de vendre les biens nationaux pour consolider la révolution, il les vendit; les acquéreurs avaient intérêt de les détruire, ils les détruisirent, à l'exception pourtant de ceux qui étaient d'une nature productive, et malheureusement le domaine de Sceaux n'était pas dans cette catégorie.

Le domaine de Sceaux, loin d'être productif, pouvait coûter quatre-vingt mille francs d'entretien par an.

En 1799, la ménagerie allait avoir le sort du parc ; déjà on avait abattu le joli pavillon qui était sur la plate-forme au milieu du jardin, et on avait commencé à déraciner quelques marronniers, quand M. Desgranges père, qui était maire alors, eut l'heureuse idée de former une société des propriétaires les plus aisés du pays, pour faire l'acquisition de ce petit domaine, dont M. Lecomte fit bon marché, mais avec une charge fort onéreuse, celle de l'entretien des eaux[1]; d'où est venu le nom de *la société du jardin et des eaux de Sceaux*. Les actions étaient de cent francs.

[1] L'entretien des eaux est une charge qui peut devenir très dispendieuse. Du temps du duc de Penthièvre, il en a coûté trois mille francs pour la réparation du tuyau des eaux des Vaux-Robert, par le seul fait d'un engorgement qui s'était formé dedans, à son passage dans la Grande Rue. En 1840, il en coûta à peu près autant à la société pour dégorger les deux soupapes de l'étang du Plessis.

C'est alors que commença ce fameux bal de Sceaux.
(Voyez cet article.)

Au dessus de la grille d'entrée on avait mis cette
jolie inscription en vers :

> De l'amour du pays ce jardin est le gage ;
> Quelques-uns l'ont acquis, tous en auront l'usage[2].

Il ne me reste plus pour terminer cette mémorable
époque que de parler d'un petit événement qui arriva
vers 1797, du temps des Chauffeurs. C'était une
bande de brigands qui s'introduisaient dans les mai‑
sons isolées et brûlaient les pieds de leurs victimes
pour les forcer à donner leur argent.

Un nommé Guillet, ancien garde du parc, logé à la
porte d'Antony, fut une des victimes de ces scélérats.
Un soir vers huit ou neuf heures, ils s'introduisirent
dans son domicile, et se préparaient à le maltraiter.
Dans ce moment se trouva chez lui mademoiselle Des‑
garcins, célèbre tragédienne du Théâtre-Français, qui
était venue passer quelque temps à la campagne pour
prendre du lait avec une petite fille de cinq à six ans.
Cette dame ne perdit pas contenance, au contraire,
elle leur débita, avec tout le feu de son indignation,
une tirade en vers analogue à leur action[1] ; si bien que
cette déclamation les fit changer de résolution et qu'ils

---

[1] On dit qu'elle fut supprimée parce qu'il y a trois *q* dans le se‑
cond vers. Ce qui donnait lieu à des mauvaises plaisanteries.

[2] On dit le songe d'*Abufar* de Ducis.

ne pensèrent plus à martyriser personne. Mais, pour leur propre sûreté, ils enfermèrent hommes, femmes et enfants dans la cave, ainsi qu'un jeune homme de Sceaux, nommé Lefèvre, qui revenait d'Antony chercher ses papiers pour se marier le lendemain ; ensuite ils prirent dans la maison tout ce qu'ils trouvèrent à leur convenance, s'en allèrent, et on n'en entendit plus parler. Ce ne fut que le lendemain matin que les pauvres prisonniers furent délivrés par des ouvriers qui travaillaient alors dans le parc.

SEPTIÈME ÉPOQUE.

—

TEMPS DU CONSULAT ET DE L'EMPIRE,

DEPUIS 1799, JUSQU'A LA RESTAURATION EN 1814.

Cette époque de l'histoire de Sceaux n'est pas riche en événements, mais c'est peut-être une des plus brillantes. Jamais Sceaux ne fut plus recherché que du temps de l'empire. Malgré que l'on était toujours en guerre, on avait été si comprimé par la tourmente révolutionnaire, qu'on semblait renaître ; et ceux qui avaient de la fortune ne craignaient plus d'en jouir. Bonaparte aimait le luxe, et disait à ses créatures qu'il gorgeait d'or : « je vous donne pour que vous dépensiez ; je n'aime pas les avares. » On n'était peut-être pas plus heureux qu'aujourd'hui, mais il y avait plus de fraternité et surtout plus de liaison. La haute société de Sceaux se réunissait tous les jours comme en famille. Chaque maison avait son jour de réception, et c'était toujours avec plaisir et bonheur qu'on se trouvait réunis.

Du temps du consulat en 1802, il y eut à Sceaux, deux mariages dotés par Bonaparte au sujet d'une paix avec l'Autriche. Pour avoir droit à cette dot qui était de 1200 francs, il fallait avoir été défenseur de la patrie. Ce sont MM. Pinchon et Poulin qui furent choisis.

Voici un événement qui prouve qu'il ne faut jamais se fier aux personnes qu'on ne connaît pas, si innocentes qu'elles paraissent.

Le père Boucher, grand-père de Mme Boisset, revenant un soir de Paris avec sa cuisinière, fait la rencontre, sur la route, d'une petite paysanne de 15 à 16 ans, assez gentille, entre en conversation avec elle, et ils cheminent ensemble jusqu'au Bourg-la-Reine. Cette jeune fille allait, soi-disant, à Arpajon. Au moment de la quitter, le père Boucher lui dit : la nuit approche et vous avez encore bien du chemin à faire, cela n'est pas prudent; si vous voulez venir à Sceaux, vous coucherez chez moi, et demain matin vous partirez. La petite accepte la proposition, et la voici à Sceaux. On la fait souper; on se couche et l'on s'endort. La petite coquine avait pris ses mesures; quand elle juge le moment favorable, elle se lève, va chercher un couperet à la cuisine, pénètre dans la chambre de la cuisinière, lui porte un coup du couperet sur la figure, lui abat une partie de la mâchoire, et cherche ensuite à l'étouffer avec la couverture. Heureusement que cette femme eût assez de force pour se débarrasser, sauter en bas de son lit et appeler du secours. Alors la petite scélérate se sauva dans le jardin, franchit le mur qui donne rue des Imbergères, à l'endroit d'une terrasse, et disparut. Toutes les recherches pour la découvrir furent inutiles.

Bonaparte chassait quelquefois. Par un beau jour d'automne, en 1810, il chassait un cerf qui vint se faire tuer dans une pièce de groseillers, rue de Penthièvre à Sceaux. C'est lui-même qui tira le dernier coup à ce cerf aux abois, en présence de l'impératrice Marie-Louise et de plusieurs dames de la cour, dont faisait partie la princesse de Borghèse. Pendant qu'on dépeçait le cerf, et qu'on présentait une patte à l'impératrice, Bonaparte une main derrière le dos, et l'autre main dans son gilet, observait ce qui se passait. Un messier qui gardait le raisin commençant à mûrir dans ce moment, aurait bien voulu lui faire payer quelque dégât qui avait été fait, mais il ne l'osa pas.

La chasse étant terminée, Bonaparte et toute sa suite entrèrent dans Sceaux, et se dirigèrent du côté de Châtenay par la place de l'Église. Il se rendit à la

Ménagerie, en fit le tour avec un de ses écuyers, et donna deux pièces de 20 fr. au père Achard qui en était le concierge alors. Durant ce temps, les dames qui étaient en calèche se dirigèrent vers le chemin de Châtenay. Ce chemin était très mauvais et très étroit, à cause d'un grand fossé qui existe le long du mur du parc. L'impératrice qui était enceinte du roi de Rome, dans ce moment, eut peur ; tout le monde mit pied à terre et continua une partie de la route à pied. Le mauvais chemin passé, on remonta en voiture, et on alla reconduire la princesse de Borghèse jusque chez elle à Châtenay, dans la maison qui appartient aujourd'hui à madame de Boigne.

HUITIÈME ÉPOQUE.

—

TEMPS DE LA RESTAURATION.

DEPUIS 1814, JUSQU'A LA RÉVOLUTION DE JUILLET 1830.

A la restauration, la garde nationale qui n'avait pas fait de service depuis longtemps, fut rétablie ; mais c'était plutôt une garde d'apparat, qu'une garde de service. Elle figurait dans toutes les cérémonies de l'église et escortait les processions. Cela n'était guère dans ses attributions, cependant elle n'y paraissait pas déplacée, et les baïonnettes s'alliaient assez bien avec la hallebarde du suisse.

A la première invasion, dans l'incertitude de ce qui pouvait arriver, une partie des habitants de Sceaux, après avoir caché leurs effets les plus précieux, en grande partie dans des caves murées, où dans la terre, allèrent à Paris, à Versailles et même plus loin, attendre l'issue des événements, mais il n'arriva rien ; ils revinrent après la prise de Paris.

A la seconde invasion en 1815, peu de personnes quittèrent le pays.

Cette seconde invasion fut signalée par un événement qui fit beaucoup de sensation à Sceaux. M. Duchatel, propriétaire d'une maison à Sceaux, qui appartient aujourd'hui à M. le duc de Trévise, avait à son service deux domestiques, beaux-frères, dont l'un nommé Pichenot, était le père nourricier de mademoiselle Duchatel, sœur du ministre de l'intérieur d'aujourd'hui. Ces deux hommes étaient gardiens de la maison. Au moment où un bataillon Prussien entrait dans Sceaux, ces messieurs ayant eut besoin d'un cheval pour envoyer une ordonnance, et ayant appris qu'il y en avait un dans la maison Duchatel, le demandèrent. Pichenot et son beau-frère, au lieu de le donner, le firent sortir par une porte de derrière. Les Prussiens les avaient observés, et croyant qu'ils avaient des intelligences avec les Français qui étaient au Bourg-la-Reine, considérèrent cette action comme une trahison, les

arrêtèrent, prirent le cheval, mirent la maison au pil-
lage, brisèrent les meubles, les glaces, les portes, les
croisées, jusqu'aux boiseries [1]; amenèrent ensuite ces
deux malheureux en face la porte du maire [2]; et là,
un officier supérieur qui commandait, fit une très
longue récrimination sur ce que les Français avaient fait
chez eux, en Prusse, lorsqu'ils y furent, et déclara que,
les deux coupables, *c'est ainsi qu'il les qualifiait*,
allaient être fusillés. De plus, il taxa la commune à
une contribution de guerre de 16 mille francs, qu'il
fallût leur trouver dans les vingt-quatre heures [1]. Je dois
témoigner ici toute la gratitude que la mémoire de
M. Lecomte mérita dans cette circonstance. S'étant
trouvé présent à la scène que je viens de décrire, il se
jeta à genoux pour demander la grâce des deux incul-
pés, qu'il obtint; mais ils reçurent immédiatement
chacun 20 coups de shlague, en présence de tout le
bataillon et d'une partie des habitants de Sceaux. Malheureusement pour eux, ils étaient vêtus très légèrement, et les coups leur étaient portés si vigoureuse-
ment, que le sang ruisselait à travers leurs vestes; et
comme si la correction n'eut pas été assez rude, ils

[1] Le dégat fut évalué à 80,000 francs. On prétend que ce qui dé-
termina les Prussiens à traiter si mal cette maison, c'est que M. Du-
châtel passait pour napoléoniste, ce qui était alors un crime à leurs
yeux.

[2] C'était M. Dupuis qui était maire dans ce moment, il demeurait
dans la grande rue où est Bénard, marchand de vin aujourd'hui.

[1] M. Lecomte fit l'avance des 16,000 francs.

les forcèrent à rester au corps-de-garde 24 heures dans cet état, sans permettre qu'on leur portât aucun secours.

Quelques instants après cette scène; un détachement de troupe française qui était dans les Blagis, du côté du Bourg-la-Reine, s'étant approché de Sceaux, les Prussiens crurent qu'ils allaient être attaqués : ils barricadèrent l'entrée de la Grande-Rue et de la rue de Penthièvre; pour cela, ils prirent les charrettes et tout ce qu'ils purent trouver à leur convenance dans le chantier de bois de M. Garnon père. Cette démonstration des Français n'ayant pas eu de suite, M. Garnon reprit ses objets en disant : la farce est jouée, il faut défaire le théâtre

Cette même journée, les Prussiens demandèrent un guide pour conduire un petit poste de quatre hommes au Plessis. C'est le sieur Jacques Lucas qui fut chargé de ce soin. Ces messieurs s'imaginant tout à coup qu'il voulait les trahir, menacèrent de le tuer ; mais avant, ils voulaient qu'il montât sur un cerisier pour leur cueillir des cerises à peines mûres; heureusement, il survint un officier qui délivra le sieur Lucas, et lui donna même une sauvegarde pour le reconduire à Sceaux.

En 1824, M. Barrois, alors maire de Sceaux donna des prix dans la ménagerie à l'occasion du sacre du roi Charles X. A cet effet, il avait fait dresser deux grands mâts, ayant une barre transversale, dans le

haut de laquelle était attachée une corde savonnée.
Les prix, fixés au haut de cette corde, étaient destinés à
ceux qui pourraient les atteindre. Les ouvriers venaient de terminer leurs dernières dispositions, quand
tout à coup l'échelle échappe de leurs mains et tombe
sur M. Barrois qui se trouvait au milieu de la foule,
sans atteindre d'autres personnes que lui. Renversé
par la violence du coup, on s'empresse de le relever
et de le reconduire chez lui. Le docteur ordonne un
bain, que l'on prépare dans une baignoire à fourneau.
Par une singulière fatalité, à peine M. Barrois y fut-
il, que le feu prit au parquet de la chambre dans
laquelle il faillit étouffer.

Vers cette époque, on fit la tentative du rétablisse-
ment à Sceaux, d'une foire aux chevaux et aux vaches,
qui, je crois, avait déjà eu lieu à la Notre-Dame
d'août. On n'avait pas réfléchi que c'était un jour de
procession ; le jour même et au moment où les marchands étaient en route pour venir avec leurs bestiaux,
on eut la maladresse d'envoyer des exprès leur faire
savoir que l'époque était remise ; ils s'en retournèrent,
mais ne revinrent plus. Dès lors plus de marché.

En 1822, on rétablit le petit marché du samedi qui
se tenait sur la place de l'Église, et dont il ne reste
presque plus rien aujourd'hui. On y a compté jusqu'à
80 marchands de toute nature. Il rapportait alors 1,500
francs par an à la commune. On attribue la ruine de
ce marché à la fermeture du parc, dont le passage faci-

litait la communication des habitants de Châtenay et d'Antony.

NEUVIÈME ÉPOQUE.

—

DEPUIS LA RÉVOLUTION DE JUILLET 1830, JUSQU'EN 1843.

Au moment où éclata la révolution de juillet, des jésuites de Mont-Rouge vinrent se réfugier à Sceaux. On les cacha, on les déguisa, on leur fit donner des passeports, puis on les conduisit, en leur faisant traverser le parc, jusqu'à la route de Fontainebleau, d'où ils se dirigèrent vers leur pays natal.

A cette époque, M. Mabire curé de Sceaux, avait fait faire beaucoup de réparations dans l'église. La fabrique qui se trouvait endettée, avait un pressant besoin d'argent. Les demoiselles de la confrérie de la Vierge, qui n'ont qu'un entretien très minime à leur charge, devaient avoir des fonds en caisse. M. Mabire leur demanda de venir en aide à la fabrique pour la somme dont elles pourraient disposer; elles refusèrent. M. Mabire trouvant ce refus inconvenant, dissout la confrérie, et fait enlever les souches et la bannière de la Vierge. Quelque temps après, en 1831, mourut à Sceaux une pauvre fille âgée, nommée la Bonne, parce qu'elle remplissait les fonctions de bonne, en même temps que de sous-maîtresse chez

madame Suratau, ancienne institutrice à Sceaux. Cette
bonne était généralement aimée et estimée de toutes
les jeunes filles du pays, qu'elle avait pour ainsi dire
élevées : il était tout naturel qu'elles s'empressassent
de lui rendre leur devoir dans cette dernière circonstance ; en conséquence elles prièrent M. Mabire de
leur donner les souches et la bannière pour cet office ;
mais il leur refusa à son tour l'objet de leur demande,
en disant qu'il n'y avait plus de confrérie à Sceaux.
Alors elles s'adressèrent aux marguilliers, qui inter-
vinrent, et leur firent donner ce qu'elles demandaient :
tout ceci causa dans le pays une irritation dont M. Mabire fut la victime.

Le petit événement dont je viens de parler, se passa
le samedi gras ; le lundi suivant, 14 février 1851, eut
lieu l'affaire de Saint-Germain-l'Auxerrois et de l'ar-
chevêché [1]. Quelques jeunes gens de Sceaux, profitant
de ce moment de désordre, allèrent frapper le soir à la
porte de M. Mabire, puis la menace à la bouche ; ils je-
tèrent des pierres dans ses carreaux en criant : *faut*

[1] On sait que l'affaire de Saint-Germain-l'Auxerrois eut lieu au
sujet de l'anniversaire de la mort du duc de Berry.

Le ministre des cultes avait écrit à l'archevêque de Paris pour le
prier de ne pas faire célébrer, cette année, le service annuel. Malgré
cette prière, il eut lieu à Saint-Germain-l'Auxerrois ; de plus, on eut
l'imprudence de mettre quatre drapeaux blancs, aux quatre coins
du catafalque et de placer un buste et un portrait du duc de Bor-
deaux sur le cercueil.

Le reste fut la conséquence de cette imprudence.

l'pendre, faut l'pendre. Il se sauva par-dessus le mur du jardin de madame Drancy, sa voisine, veuve depuis quelques jours. Elle eut grand'peur et le prit pour son mari qui revenait de l'autre monde. Après s'être fait connaître, il alla se réfugier chez son bédeau où il passa la nuit. M. Garnon, alors maire de Sceaux, le préserva de tout accident ; mais en même temps, il lui persuada de quitter le pays ; dans la crainte que cette affaire n'eût des suites fâcheuses pour lui, avec d'autant plus de raison, qu'il n'était nullement considéré à Sceaux. On fit venir un fiacre ; M. Desgranges le conduisit jusqu'au Bourg-la-Reine, et il partit.

M. Mabire en quittant Sceaux, se réfugia à Saint-Germain-en-Laye, où il mourut en 1857. M. Mabire étant nommé à vie, tant qu'il vécut, la paroisse de Sceaux fut administrée par un vicaire ou desservant administrateur.

Plusieurs années après, du temps de M. Bouchy, un événement analogue au précédent arriva également au sujet d'un enterrement ; mais avec des circonstances moins graves. La confrérie de la vierge était alors rétablie. Une demoiselle repoussée de cette confrérie, parce qu'elle préférait aller au bal [1], étant venue à mourir, les

---

[1] On dit que la demoiselle en question étant invitée à un bal, avait à ce moment une incommodité momentanée qui la contrariait beaucoup ; pour s'en délivrer, elle imagina de mettre ses pieds dans un seau d'eau froide ; elle en fut effectivement délivrée à l'instant, mais deux mois après, on la porta en terre.

marguillières refusèrent d'aller à son convoi avec les
souches et la bannière. Les amies de la défunte insistè-
rent; mais n'obtinrent rien. — Au moins prêtez-nous
les ornements de la Vierge, et nous nous passerons de
vous; nouveau refus. Elles s'adressèrent à M. Bouchy, qui leur répondit qu'elles pouvaient les prendre;
mais pendant ce temps, les marguillières allèrent dé-
monter les souches et la bannière, les enfermèrent dans
les orgues, emportèrent chez elles toutes les garnitures,
et allèrent se cacher pour éviter de nouvelles insis-
tances. De là grand bruit dans le pays. Quelques jeunes
gens, parents ou amis des demoiselles, vont dans l'é-
glise, escaladent les orgues, forcent la porte de l'ar-
moire qui s'y trouve et s'emparent des objets désirés.
A cet instant M. Bouchy arrive et réprimande verte-
ment les auteurs de cette inutile brutalité, puisque son
intention était de leur faire donner ce que les marguillières refusaient. Mais toute cette peine devint presque
inutile, car elles ne purent se servir que de la bannière. C'est égal dirent les demoiselles, nous avons
remporté la victoire. *Vive la liberté! vive la Charte!*

Tant que M. Lecomte a vécu ; le parc est resté ouvert au public comme par le passé , et sa veuve a suivi
son exemple. Après le mariage de mademoiselle Lecomte avec M. le marquis de Trévise, il resta encore

ouvert au public pendant quelques années ; mais vers l'an 1834, M. de Trévise le fit entièrement fermer et on en mura les portes [1].

A ce sujet, le maire de Sceaux, le juge de paix, les membres du conseil de la commune, et les maires de Châtenay et d'Antony, comme partie intéressées, firent une démarche officieuse auprès de M. et madame de Trévise, pour demander (comme faveur) la continuation du passage dans le parc, mais il ne leur fut rien répondu sur l'objet de leur demande, et le parc est resté fermé.

En 1855, après la mort de M. le maréchal Mortier, père de M. le marquis de Trévise, tué par Fieschi à côté du roi, M. le marquis de Trévise prit le titre de duc.

M. Lecomte qui remplaçait le seigneur de Sceaux, comme étant en possession de son domaine, fit beaucoup de charité aux pauvres du pays. Madame Lecomte, sa veuve, suivit son exemple, et sa fille, madame la duchesse de Trévise, continue aujourd'hui les mêmes bienfaits.

Le 26 juillet 1855, au sujet de l'anniversaire de la révolution de juillet, il y eut à Sceaux deux mariages dotés par la ville de Paris, en faveur de deux combattants de cette mémorable révolution. Toutes les auto-

---

[1] On dit que le fermier avait fait de la fermeture du Parc, une des conditions de son bail. Ce fermier aurait été bien exigeant, car sur mille fermes, il n'y en a peut-être pas une de close.

rités civiles et militaires, M. le comte de Rambuteau, préfet de la Seine, et une partie des notables de l'arrondissement, assistèrent à la cérémonie, et au magnifique banquet qui fut donné sous la rotonde dans la ménagérie, à la suite de ces deux mariages [1].

M. Champion, qui était l'adjoint du maire de Sceaux, à cette époque, et l'un des ordonnateurs de la fête, fit les couplets de circonstance suivants qu'il chanta à ce banquet.

AIR : *Du Piège.*

Par la mitraille et le boulet,
La France encore sillonnée,
Au feu du canon de Juillet,
Allume vos feux d'hyménée.
Quand au bonheur de ses enfants,
Sourit cette mère féconde;
Ah ! n'allez pas, heureux amants,
Laisser venir la fin du monde.

Mon faible cerveau, j'en convien,
Se mêle peu de politique.
Mais comme en France tout est bien,
Au diable soit la République.
Pour Dieu puisque vos écrivains,
En sont pour leurs frais de faconde;
Carlistes et républicains,
Laissez la paix au pauvre monde.

[1] L'année d'avant, à l'occasion du mariage de la reine des Belges, il y eut également en faveur des combattants de Juillet, deux mariages à Sceaux, dotés de chacun 5,000 francs, par le roi. Saunier était un des mariés.

Les pieds nuds, le front menaçant,
Lorsque l'émeute turbulente,
Parcourait la ville en hurlant,
Et partout semait l'épouvante;
On vit accourir l'arme au bras,
Dans l'espace d'une seconde,
La banlieu' qui ne prétend pas
Qu'on ait l'air de s'f..... du monde [1].

La paix sourit à nos banquets,
Préside à nos jeux, à nos fêtes.
Mais si les étrangers jamais,
Voulaient au joug courber nos têtes;
Pour les écraser sous nos coups,
A l'appel que chacun réponde;
Car les revoir maîtres chez nous,
Ah! plutôt voir la fin du monde.

Le verre en main gaîment trinquons,
Au repos de toute la terre.
Sans scrupule nous le pouvons,
On sait si nous craignons la guerre.
A toi mon glorieux drapeau,
Illustré sur la terre et l'onde;
Sur mon pays, sur ton berceau
Flotte jusqu'à la fin du monde.

La fête se termina par un bal où tout le monde fut admis.

Depuis plusieurs années les administrateurs de quelques communes rivales de Sceaux, travaillaient à

---

[1] A cette époque, il y avait fréquemment des émeutes à Paris. La garde nationale de la banlieue était appelée au secours de l'ordre, comme force imposante.

amener un changement sur le siége de la Sous-Préfecture de notre arrondissement. Le maire de Bercy qui
assistait au banquet dont il vient d'être parlé, crut
trouver l'occasion favorable d'entretenir M. le préfet
de son projet de changement, probablement en faveur
de sa commune; mais M. le préfet lui fit sentir toute
l'inconvenance d'un tel propos, dans le moment ou
les habitants de Sceaux, contre lesquels il plaidait, le
recevaient à leur banquet. Il n'en fut plus question pour
le moment, le feu couva encore quelques années.

En 1836, la question de la sous-préfecture se repré-
senta d'une manière sérieuse. Plusieurs communes ré-
clamaient le droit de la posséder dans leurs murs.
C'était Montrouge ; c'était Bercy ; c'était Choisy, et
peut-être d'autres encore qui n'osaient pas se mettre
sur les rangs, par timidité, ou par modestie ; mais qui
n'auraient pas manqué de jeter leur grappin dans l'occasion. Enfin cette pauvre sous-préfecture fut tellement
convoitée, tiraillée, aspirée, que peu s'en fallut qu'on
ne fut obligé de la transporter dans les bureaux de la
ville pour la soustraire à cette obsession.

Le gouvernement fatigué de plusieurs demandes
réitérées des communes intéressées à ce changement,
mit la question à l'ordre du jour. Le conseil-général du
département fut chargé de donner son avis. On fit une
enquête, on demanda l'avis des communes, qui fut
comme on devait s'y attendre, tout discordant. Que

faire? trancher la question n'était pas la résoudre. Les choses en restèrent là.

Pendant tous ces débats, il m'est venu l'idée d'essayer ce que l'avis d'un simple particulier pourrait avoir de valeur dans une question de cette importance. Voici la lettre que j'écrivis au préfet à ce sujet.

Monsieur le comte,

« Voulez-vous bien permettre à un simple particulier, de vous présenter quelques observations sur le projet de changement de la sous-préfecture de Sceaux, dont il est question dans ce moment? On propose, je crois, pour remplacer Sceaux, Choisy ou Montrouge. A l'égard de Choisy, il ne serait guère plus central que Sceaux : ce ne serait donc qu'un changement en faveur de la localité. A l'égard de Montrouge, si c'est du grand Montrouge dont il est question, c'est un village bien insignifiant pour servir de chef-lieu d'arrondissement. Si au contraire, c'est du Petit Montrouge; ce serait, pour ainsi dire, une suppression, car un jour à venir, il peut se trouver dans Paris, par le reculement des barrières, alors la sous-préfecture n'existerait plus de fait [1].

« Quand on a fixé le siége de la sous-préfecture à Sceaux, on a sans doute fait valoir des motifs péremptoires en faveur de cette localité, puisque ce choix a pré-

[1] Cette prédiction se trouve à peu près réalisée aujourd'hui par les fortifications.

valu; soit parce qu'elle a pris de l'importance par ses souvenirs historiques; soit pour l'indemniser des pertes qu'elle éprouva par la destruction de son ancien domaine. Actuellement je suppose que la position centrale doive l'emporter sur toutes autres considérations; il faudra donc, ce principe adopté, refaire une nouvelle division de la France; car, qu'on jette les yeux sur une carte géographique, et l'on verra que la moitié de nos préfectures et sous-préfectures sont bien loin du centre de leur arrondissement. Ainsi donc, avant que de toucher à la sous-préfecture de Sceaux, il y a bien quelques réflexions à faire; le plus petit changement devient un précédent, dont les conséquences sont d'ouvrir la voie à une infinité de réclamations dans toute la France.

« Une dernière considération en faveur du *statu quo*, c'est que Sceaux est un pays essentiellement bourgeois; qu'il n'a aucun commerce, et que la perte de sa sous-préfecture serait pour lui un coup de mort.

« Voici, monsieur le préfet, les observations que j'avais à vous présenter et que je vous prie d'avoir la bonté de prendre en considération.

« Daignez agréer l'assurance du plus profond respect

« De votre dévoué serviteur,

« SINET,

« Propriétaire à Sceaux. »

Je montrai cette lettre à MM. Ranté et Defrance, qui me dirent : C'est un grain de sable dans la balance. Je ne sais pas si ou a mis le grain de sable dans la balance ; mais je sais qu'il fut remarqué, car voici la réponse dont M. le préfet m'honora :

Paris, ce 2 août 1856.

« Monsieur,

« Je vous remercie des observations que vous m'avez adressées sur le projet de changement du chef-lieu de la sous-préfecture de Sceaux. Quand le conseil général s'occupera de l'examen de cette affaire, les motifs que vous faites valoir en faveur du maintien de l'état de chose actuel seront mis sous ses yeux.

« Recevez, Monsieur, l'assurance de ma considération distinguée.

« Le pair de France, préfet de la Seine,
« Comte de RAMBUTEAU. »

Vers 1835, un assez bon nombre d'habitants de Sceaux doivent se rappeler avoir passé plusieurs soirées fort agréables à Châtenay.

Quelques jeunes gens des deux sexes avaient formé une petite société, dressé un théâtre et représenté plusieurs vaudevilles fort jolis ; et même, on peut le dire sans flatterie, joués avec beaucoup d'ensemble.

Un homme de lettres qui demeurait à Sceaux dans ce moment, assista à une de ces soirées. Le lendemain, il publia dans une feuille périodique du temps, une critique des plus méchantes contre nos jeunes acteurs, dans laquelle il les tournait en ridicule. Il parlait aussi des *grosses voix* et des *puissantes mains* des spectateurs, qui, dans leurs *turbulents applaudissements,* obscurcissaient les lumières de la salle, par la poussière qui sortait de leurs *grossiers vêtements.*

Les habitants de Châtenay, pour se venger de cette grossière satire, vinrent à Sceaux bafouer, charivariser et chansonner le malencontreux critiqueur. De plus, dans un prologue d'une des soirées suivantes, on le désigna comme un sournois, comme un traître, en indiquant la place qu'il occupait, et l'attitude dédaigneuse et insultante qu'il avait prise. Puis, faisant allusion à ses paroles, on annonça que s'il osait se présenter, les habitants de Châtenay ne manqueraient pas de faire leurs *grosses voix* et de se servir de leurs *puissantes mains* pour le mettre à la porte. On doit penser qu'il se garda bien d'y paraître.

Les jeunes gens ont aujourd'hui une manie qu'ils n'ont certainement pas puisée dans le code du bon ton ni du bon goût; c'est celle de fumer partout où ils se trouvent.

Une dame de Sceaux voyageait il y a peu de temps dans une voiture publique, quand un jeune homme, le cigare à la bouche, monta, et vint se placer à côté d'elle. Il se trouvait plusieurs autres dames dans cette voiture. Un monsieur de la compagnie fait obser-

ver au jeune homme qu'il n'était pas convenable de
fumer dans une voiture publique, surtout quand il y
avait des dames. Le jeune homme continue de fumer
sans tenir compte de l'observation. — Mais, monsieur,
on pourrait vous ôter votre cigare de la bouche, ajoute
le réprimandeur. — Et qui l'oserait? — Moi! dit
aussitôt la dame en question, et lui arrachant le cigare
elle le jette dehors. Comme la galanterie française
ne permet pas à un homme de manquer à une dame,
le jeune homme resta tout sot.

HISTORIQUE DES MONUMENTS ET ÉTABLISSEMENTS DE SCEAUX.

Eglise.

Comme je l'ai dit dans la première époque de cette
histoire, la première église de Sceaux fut bâtie en 1214
et dédié à saint Mamès. Sceaux n'étant alors qu'un
hameau insignifiant, tout porte à croire que cette première église n'était qu'une chapelle très légèrement
construite, car elle fut rebâtie en 1476.

En 1669 et 1670, par suite de l'accroissement de
Sceaux, cette église étant devenue insuffisante, fut
considérablement agrandie. Le chœur et les bas-côtés
furent reconstruits en entier. Le duc de Trêsme commença les travaux du chœur, que Colbert fit finir. On
voit encore aujourd'hui ses armes sur les médaillons

de la voûte. M. Baudoin, curé d'alors, fit faire les bas-côtés ; de sorte qu'il ne resta de l'église de 1476 que la vieille nef, d'une architecture beaucoup plus lourde que celle des parties neuves. Plus tard Colbert donna les orgues.

D'après l'opinion générale, l'église de Sceaux n'aurait eu saint Mamès pour patron que jusqu'à Colbert, qui l'aurait adoptée pour sa paroisse et fait dédier à saint Jean-Baptiste, parce que ce saint était son patron.

Contradictoirement à cette opinion, on lit sur une inscription placée dans l'église, que la dédicace n'en fut faite à saint Jean-Baptiste, que du temps du duc du Maine, en 1758. Quoiqu'il en soit, de ces deux versions, l'humble saint Mamès, qui n'était que le fils d'un simple berger, bon pour une chapelle, dut céder l'honneur à monseigneur saint Jean, quand Sceaux devint une paroisse seigneuriale.

Avant la révolution, le clocher de l'église de Sceaux avait une très jolie flèche de 20 à 25 mètres de haut, ornée de clochetons fleurdelysés. En 1792, un couvreur nommé Lhermite jeta ces fleurs de lys à bas, sans prendre aucune précaution ; de sorte qu'il endommagea beaucoup la couverture de ce monument. Comme ce dommage aurait nécessité une réparation assez dispendieuse, et que la flèche penchait un peu, on la supprima.

En 1795 toutes les églises furent fermées et employées à des choses plus ou moins profanes. Celle de

Sceaux n'échappa pas au vandalisme; elle fut dévastée. On y fit du salpètre, on y dansa, on y joua la comédie. Mademoiselle Pallois était une des premières actrices. C'est aussi dans l'église que se tenaient les assemblées populaires. J'étais conscrit de l'an II, je me rappelle d'y avoir tiré à la milice.

C'était M. de Lepine qui alors était curé de Sceaux. Il se conforma aux circonstances; mais un prêtre, qui habitait le pays à cette époque, disait souvent la messe en cachette dans la maison des Sœurs.

Dans ce temps, on porta à la Convention tous les ornements et l'argenterie des églises. A cette occasion plusieurs hommes et femmes de Sceaux se revêtirent de ces ornements, et, dans cet équipage, escortèrent les voituriers chargés du transport.

Un épisode du temps de la Terreur doit trouver sa place ici. L'église de Sceaux possède un beau buffet d'orgues, qui, en 1793 fut préservé de la destruction par la présence d'esprit de M. Desgranges père, alors officier municipal.

Un commissaire de la Convention nationale avait reçu l'ordre de visiter les églises pour s'assurer de l'exécution du décret qui ordonnait la destruction de ce que, dans le langage du temps, on appelait les emblèmes du fanatisme et de la superstition.

Arrivé dans l'église de Sceaux, ce commissaire entra en fureur en apercevant le buffet d'orgues, et se tournant vivement vers M. Desgranges :

— Citoyen municipal, pourquoi n'avez-vous pas fait détruire ce buffet d'orgues ? je vous dénoncerai au Comité de salut public.

— Je m'en serais bien gardé, répondit M. Desgranges, avec le sang-froid qui ne l'abandonnait jamais, nous nous en servons tous les jours pour nous accompagner dans nos chants patriotiques.

Cette observation désarma le Vandale, et le buffet d'orgues fut sauvé par ce petit mensonge aussi spirituel que pieux.

Le superbe groupe de marbre de Puget [1], représentant le baptême de Jésus-Christ, qui se trouve placé au-dessus du maître-autel de l'église, était avant la révolution dans la chapelle du château. Le duc du Maine en avait fait faire une copie en plâtre qu'il avait donnée à l'église de Sceaux.

Ce groupe de figures en plâtre a été détruit dans la révolution. Celui en marbre du château, avait été transporté au musée des Petits-Augustins. Du temps du Directoire, quand le calme fut entièrement rétabli, MM. Maufra père et Desgranges, au nom de la commune de Sceaux, demandèrent au ministre de l'intérieur, ce groupe de marbre qui avait été enlevé du château, pour remplacer celui qui avait été brisé dans l'église à la révolution. M. Cahouet père, qui avait de belles connaissances au ministère, les appuya de tout

1 Célèbre sculpteur du temps de Louis XIV; d'autres, disent de Billy

son crédit, et ils obtinrent l'objet de leur demande.

L'église de Sceaux possède aujourd'hui ce chef-d'œuvre dont la valeur est inappréciable.

Le duc de Penthièvre a fait beaucoup embellir le chœur de l'eglise. C'est lui qui fit faire, au dessus du maître-autel, les figures d'anges entourées d'une gloire qui président au baptême de Jésus-Christ. On lui doit aussi l'autel et le tabernacle en marbre.

Du temps des princes, la chapelle Saint-Mamès s'appelait la chapelle des princes. Elle était entourée de vitrages, et ornée de draperies. Il y avait un poêle pour l'hiver. Les princes avaient leur entrée par une porte de côté qui donnait dans le parc, porte que l'on voit encore aujourd'hui.

A la réouverture des églises, sous le Consulat, vers la fin de 1799, il y eut beaucoup de choses à faire pour remettre l'église de Sceaux en état. M. de Lepine qui était curé alors, fit faire le principal. M. de Préneuf qui lui succéda en 1807 sous l'empire, fit refaire beaucoup de boiseries, et, je crois, les petites balustrades en bois qui ferment les chapelles de la Vierge, et de Saint-Mamès. M. Hunot, qui succéda à M. de Préneuf, fit faire la balustrade de la sainte-table. Vint ensuite M. Mabire du temps de Louis XVIII, qui fit faire une restauration générale, et toutes les peintures intérieures de l'église.

En 1857, M. Bouchy fit faire la grille qui ferme le chœur, en face de la nef.

En 1838, M. Bonafous, curé d'aujourd'hui, a fait
établir la balustrade en fer de la chapelle des fonds;
et en 1842, le vitrail en carreaux de couleurs du mai-
tre-autel.

Du temps des princes, depuis l'époque où l'église
de Sceaux a été dédiée à saint Jean-Baptiste, il y avait,
tous les ans, la veille de la fête du pays, un feu de joie
en l'honneur de saint Jean, qui se faisait sur la place
de la ferme devant le château. On y allait procession-
nellement avec tout le clergé qui était fort nombreux
alors. Du temps des princes, le clergé de Sceaux se
composait du curé, de deux vicaires, d'un chapelain
et d'un grand nombre de chantres et d'enfants de chœur.

Les princes assistaient à la cérémonie, leurs pages
suivaient le cortége.

Après la révolution, ce feu avait lieu sur la place de
l'église. Il fut supprimé à la révolution de Juillet,
comme dangereux. [1]

A la fête de Dieu, la procession passait dans le parc
et allait faire une station à la chapelle du château, toujours accompagnée des pages.

En 1798, le tonnerre tomba un soir, vers les huit
heures, sur le clocher de Sceaux. On voit encore aujourd'hui la place de sa chute indiquée par une pierre

---

[1] Le feu de Saint-Jean a pris naissance chez les orientaux ; ils
figuraient par cette flamme le renouvellement de leur année, qui
avait lieu au solstice d'été, à minuit.

neuve, où était la brèche qu'il fit à l'entablement du côté de la place.

L'église a été volée deux fois depuis la révolution. La première fois, du temps de M. de Preneuf. On avait pris les vases sacrés, et jeté dans des orties, les hosties qui se trouvaient dans le ciboire. Les voleurs s'étaient introduits dans l'église par un des panneaux de la grande porte qu'ils avaient enfoncé. M. de Preneuf disait tous les ans une messe expiatoire en réparation de ce sacrilége.

Le second vol eut lieu en 1837, quelques jours après l'installation de M. Bonafous. Les objets volés pouvaient valoir 1,200 francs. Les voleurs s'introduisirent dans l'église par la croisée de l'autel Saint-Mamès.

En 1841, il y eut une tentative de vol par la même issue. Les voleurs s'étant introduits dans l'église, essayèrent de forcer la serrure de la porte de la sacristie ; ne le pouvant pas, ils y mirent le feu. Le brigadier de la gendarmerie de Sceaux, ayant aperçu une grande clarté dans l'intérieur de ce monument, avertit l'autorité de ce qui se passait, et un des voleurs fut arrêté.

L'intérieur de l'église est orné d'une vingtaine de tableaux assez remarquables, dont voici les sujets.

La naissance de Jésus-Christ.

La Samaritaine, donnée par le ministre de l'intérieur à la demande de M. Garnon.

La mort de la Sainte-Vierge donnée par M. Vanlerberghe.

7

Le Calvaire.

Une Descente de croix.

Un tableau allégorique de saint Paul guérissant un jeune homme piqué par une vipère.

Plusieurs Assomptions.

Saint Sébastien.

Une vierge immaculée.

Une Sainte-Famille.

Un Sacré-Cœur.

Une sainte Geneviève.

Saint Jean l'Évangéliste.

Le jardin des Olives.

Saint-Mamès représenté en berger.

Plusieurs Christ.

Et beaucoup d'autres petits sujets de peu de valeur.

Le lustre de l'entrée du chœur fut donné en 1816 par madame Lenormand. Ce lustre était dans le salon d'une maison démembrée aujourd'hui, qui avait appartenu avant la révolution, à M. Lenormand de Mésy.

Je ne dois pas terminer ici l'historique de l'intérieur de l'église de Sceaux, sans parler d'une merveille inaperçue, qui existe dans cette église, pour ainsi dire à l'insu de tout le monde. Il est vrai qu'il faut d'abord que la vue se porte dessus, car sa position n'est pas très bien choisie, et ensuite, être un peu connaisseur pour la remarquer. C'est un médaillon en marbre blanc, de 50 centimètres de diamètre, placé devant l'autel de la

Vierge. Ce médaillon représente la Sainte-Vierge couronnée par l'Enfant Jésus.

L'autel en marbre de la chapelle de la Vierge au devant duquel se trouve ce médaillon, a été fait à la demande des Sulpiciens, pour le séminaire d'Issy. Dans la révolution, cet autel fut apporté à Sceaux. Plus tard les Sulpiciens voulurent le ravoir et en offrirent six mille francs, à cause de la perfection de la sculpture du petit chef-d'œuvre qui en fait l'ornement; mais on le leur refusa, alors ils en firent faire une copie, mais elle est bien loin de valoir l'original.

En 1858, M. Vandermarq, alors maire de Sceaux, fit restaurer et embellir, je crois en partie à ses frais, la façade de l'église. Il fit niveler et macadammiser la place et l'orna de deux candelabres.

La façade de l'église est bien, mais le petit mur d'appui qui encaisse la place n'est pas d'un bon effet, et les pieds en pierre des deux candelabres sont beaucoup trop massifs.

Il fit aussi embellir la fontaine, mais il ne fut pas heureux; le petit monument qu'il fit faire, occasionna un procès que la commune perdit. Alors il fallut le tronquer, ce qui le gâta.

PRESBYTÈRE.

A la révolution de 1789, le presbytère de la paroisse de Sceaux fut vendu comme tous les biens des églises.

M. l'abbé Rudmar en devint le premier acquéreur. Il le vendit ensuite à M. Rivière. Après, il passa aux frères Appé et Aner, et plus tard à l'abbé Mercier qui le laissa par testament, en 1838, à la fabrique; à la charge de faire une pension viagère de 200 francs, à chacun de ses deux domestiques. Il fut donc rendu après 50 ans à sa première destination.

Pendant ce temps, les curés de Sceaux étaient logés dans la maison des pauvres, dont il sera parlé ci-après.

Une des locataires qui habita ce presbytère du temps des premiers acquéreurs, avait un perroquet d'un caractère systématiquement rancunier; il boudait sa maîtresse, autant d'heures, de jours ou de semaines, que son absence avait durée, quand elle sortait.

BAL DE SCEAUX.

Pendant la révolution, on a dansé dans la grande allée du parc, en face de la Diane, et dans un rond-point près du petit château. Les nommés Bourcié, Puissant et Billiard, musiciens du temps, y ont successivement joué du violon; on a payé jusqu'à dix francs les contredanses: on comprend que c'était en assignats.

On a aussi dansé dans la ménagerie avant l'acquisition par la Société. Le fameux Vestris, premier danseur de l'Opéra, se plaisait à venir y danser avec mademoiselle Corancé, qui était et la plus jolie, et la meilleure danseuse de Sceaux de ce temps.

On croit se ressouvenir que, vers cette époque, la reine Marie-Antoinette est venue incognito visiter le bal de Sceaux.

Après l'acquisition par cette même société, en 1799, le bal s'établit régulièrement dans la Ménagerie pendant la belle saison.

C'est alors que commença ce fameux bal de Sceaux, qui jouit pendant trente ans de la plus grande vogue, attira les dimanches et fêtes une si brillante société, et qui est encore aujourd'hui, malgré l'état de décadence de ces sortes d'établissements, un des plus beaux des environs de Paris.

Le bal de Sceaux devint le rendez-vous de la bonne compagnie et des maisons les plus opulentes; et chose admirable, toutes les classes s'y trouvaient mêlées sans s'en apercevoir, parce que la révolution avait, pour un instant, tout nivelé.

On dansa d'abord sous une tente de toile, ensuite on construisit cette magnifique rotonde ovale à 24 colonnes, qui peut contenir plus de 2000 personnes [1].

Au sujet de cette tente en toile, voici un fait assez curieux qui caractérise parfaitement le goût de cette époque pour la danse, et que tous les efforts humains ne ramèneront que bien difficilement. Toutes les dames

[1] Cette rotonde fut construite avec des bois provenants de la destruction du parc.

et demoiselles des premières maisons de Sceaux, soit
par plaisir, soit par enthousiasme, travaillèrent en
famille aux coutures de cette tente, et l'ornèrent de
glands à la manière des pavillons chinois dont elle
avait la forme.

Nous sommes bien loin de ces mœurs fraternelles !

On remarquait au bal de Sceaux des danseuses d'une
légèreté admirable, qui faisaient les délices des spectateurs, et des danseurs *muscadins* ou **incroyables**. C'est
ainsi qu'on appelait les jeunes gens à la mode de ce
temps. Ces Messieurs les incroyables avaient imaginé
de supprimer les *r* et les *h* du discours ; de sorte qu'ils
disaient : *c'était admiable, ma paole, ma petite paole
panacée, épondez moi, macez vite, la épublique fan-
çaise*, etc.

Quand la tourmente révolutionnaire fut entièrement
passée et que cette société vit renaître la sécurité, elle
oublia un lugubre souvenir, pour ne plus penser qu'à
la brillante perspective qu'elle voyait devant elle ; alors
il se forma une nouvelle aristocratie, et chacun voulut
reprendre le rang qu'il croyait lui appartenir, suivant
ses titres ou sa fortune.

Le public qui fréquentait le bal se divisa en plusieurs classes distinctes, et chacun prit spontanément
sa place avec une transition admirable. Cet ordre produisit une harmonie parfaite. Mais dans toutes les
réunions, il y a toujours des indiscrets, ou des pré-
somptueux qui se méconnaissent et ne veulent pas

avouer ce qu'ils sont; de là quelques confusions inévitables. Pour maintenir, autant que possible chacun
à sa place, on imagina de trancher la société du bal
en deux classes de danseurs, par deux taxes différentes
du prix des danses. Pour obtenir ce résultat, on fit
une ligne de démarcation au plafond de la rotonde.
Alors, chacun était libre de choisir le côté qui lui convenait suivant ses moyens.

C'était, comme partout, des places à différents prix;
d'un côté on payait quinze centimes par contre-danse,
et de l'autre vingt-cinq. Ceci était juste et raisonnable,
et aurait dû satisfaire tout le monde; cependant, il
n'en fut pas ainsi, la fatale ligne ne produisit que ru-
meur et désordre. Personne ne voulait être de la seconde classe. Alors, on jugea à propos d'effacer cette
malencontreuse démarcation. Peut-être a-t-on eu tort
de ne pas persister, car l'idée était bonne. On s'y serait
accoutumé en peu de temps, et on aurait bien certainement approuvé au bout d'un mois, ce qu'on avait pris
en mauvaise part, et repoussé si inconséquemment
dans le premier moment.

Le bal seul n'attirait pas le monde à Sceaux; on y
donnait des fêtes variées à l'infini, avec des illuminations
et des feux d'artifices qui contribuèrent aussi à attirer
la foule.

On y fit venir successivement à grands frais, des comé-
diens, des musiciens, des chanteurs, des mimes comi-
ques, des danseurs de corde, des physiciens, des ventri-

loques, des coureurs, des saltimbanques, des jongleurs, jusqu'à des escamoteurs célèbres, qui amusèrent beaucoup le public par la variété de leurs talents.

Je dois parler d'une ascension de madame Forioso dans la Ménagerie, que je me rappellerai toute ma vie par l'effet qu'elle m'a produit. Le soir d'un beau jour d'été, elle monta sur une corde rampante jusqu'au haut d'un mât de plus de vingt mètres d'élévation, à travers les arbres illuminés et au son d'une mélodieuse musique sourdine, invisible, qu'on aurait pu croire céleste, par l'illusion que produisait cette femme aérienne, qui, à la clarté d'une lumière diffuse, paraissait comme dans un nuage [1].

Un soir au bal de Sceaux, par exagération d'une mode du temps, une grisette qui s'y trouvait, était vêtue si légèrement et avec une étoffe si transparente, que par l'effet des lumières, on apercevait toutes ses formes et toute sa nudité au travers de sa robe. Quelques jeunes gens la claquèrent ; elle fut obligée de s'en aller. Ce fait est exact, mais l'époque est contradictoire.

Il y avait à cette époque une mode pour les femmes, qui allait jusqu'à l'indécence, et que nos actrices les plus éhontées rougiraient peut-être de porter aujourd'hui. Un contraste bien frappant, c'est qu'après le costume que les dames portaient du temps de Louis XIV

---

[1] Ce mât excédait de beaucoup la hauteur des arbres de la Ménagerie. La musique était placée dans l'ombre sous les arbres.

et de Louis XV, qui était si ample et si empesé, qu'elles ne pouvaient passer que de côté par une porte ordinaire, voilà que tout à coup et presque sans transition, imitant les modes romaines, les femmes se mirént à porter des robes courtes, si lestes et si légères, qu'on apercevait à travers la forme du nu, et tellement décolletées, qu'on voyait leur gorge et leurs épaules, jusqu'au milieu du dos. Ce cynisme alla si loin, que Bonaparte qui aimait la décence, fit faire un très grand feu un jour de réception qu'il faisait fort doux, et dit tout haut : « on ne saurait trop faire de feu, ces dames sont toutes nues. » Le lendemain toutes les dames de la cour portaient des guimpes, puis des robes montantes qu'on a continué à porter depuis.

Les hommes, par une bizarrerie toute contraire, portaient des vêtements très longs, et des cravates qui leur montaient jusqu'à la bouche; de sorte qu'étant coiffés de chapeux à rebords plats, on ne leur voyait que les yeux et le nez.

Un jeune *incroyable* de Sceaux avait une redingote grise un peu courte, suivant la mode de ce temps. N'ayant pas d'argent pour en acheter une plus longue, il la fit rallonger avec du drap pareil. Dès ce moment, on le nomma l'*Incroyable rallongé*.

Voici des couplets qui ont été faits à cette époque par un auteur anonyme, nous les rapportons parce qu'ils peignent assez bien la vogue du bal.

Air : *Ah ! le joli mois de mai.*
ou : *Et gai, gai, gai.*

Heureux temps ! que les jours sont beaux !
    La gaîté nous appelle,
Pour goûter des plaisirs nouveaux,
    Allons au bal de Sceaux.

    La route en est charmante,
    Là, des prés, des côteaux ;
    La campagne riante
    Offre mille tableaux.
Heureux temps ! etc.

    Sous l'ombre à la chaumière,
    Passants, reposez vous ;
    Vin, lait, fruits, bonne bière,
    Satisferont vos goûts.
Heureux temps ! etc.

    Ah ! sous le vert feuillage,
    Jeunesse de Paris,
    Des plaisirs du village
    Viens éprouver le prix.
Heureux temps ! etc.

    De Paris, le beau monde,
    Visite ce séjour :
    Et la brune et la blonde
    Y charment tour à tour.
Heureux temps ! etc.

    Un temple d'Épicure,
    Offre des mets exquis ;
    Là, dans l'ivresse pure,
    Recueillez vos esprits.
Heureux temps ! etc.

D'un amoureux hommage,
Objet piquant, joyeux;
La fille du village,
Y fixe tous les yeux.
Heureux temps! etc.

O! nymphes de la Seine!
Bergères, cercle heureux,
Accourez, que tout vienne
Toujours orner ces lieux.
Heureux temps! etc.

Vous, Messieurs de la ville,
Venez, les champs sont beaux;
Venez tous à la file,
Venez, venez à Sceaux.
Heureux temps! etc.

Du temps de l'Empire et de la Restauration, on voyait à Sceaux, les dimanches et fêtes, plus de deux cents voitures, équipages, fiacres, cabriolets et coucous, qui ramenaient le soir plus de mille personnes de Sceaux à Paris. Elles s'étendaient dans toute la longueur de la Grand'Rue, de la place de l'Église et dans une partie du pays. Il n'était pas absolument nécessaire de retenir sa place; on était à peu près assuré d'en trouver jusqu'à minuit, et à des prix fort raisonnables.

Nous avons eu, il y a quelques années, l'Homme à la Poupée, nommé Valentin. C'était un ventriloque, dont l'effet magique de sa conversation avec sa poupée était étonnant et amusait beaucoup le public par son originalité.

Depuis quelques années, le goût de la danse a tellement passé, que le bal de Sceaux était pour ainsi dire tout à fait abandonné du public. L'année dernière on ne dansa à Sceaux que les deux dimanches de la fête du pays.

Cette année, 1843, plusieurs entrepreneurs, recommandables par leur position distinguée, viennent de former une compagnie sous la direction de M. Faivre, pour exploiter le bal de Sceaux.

Il n'est pas possible d'avoir plus d'activité, de courage et de persévérance qu'ils n'en ont montré pour mener cette entreprise à bonne fin, car, à leur début, malgré un mauvais temps prolongé pendant quatre ou cinq dimanches de suite, ils ont persisté avec une admirable résignation, à subir une perte réelle à chacune des tentatives qu'ils ont faites pour attirer le public et lui procurer de l'agrément. Pour arriver à ce résultat, rien n'a été épargné de leur part ; ils n'ont reculé, ni devant la peine, ni devant la dépense, et l'une et l'autre sont immenses.

La rotonde et le café ont été décorés très agréablement. On a fait un très bel orchestre, et la musique est excellente.

Ces dispositions faites, la fête du pays nous est arrivée à travers le temps le plus détestable. Pour célébrer la Saint-Jean, une des plus belles fêtes de l'année, ce

déraisonnable temps, oubliant tout à fait la saison,
avait revêtu ses plus sombres habits d'hiver.

Néanmoins, comme on avait été privé jusque-là de
sortir, le public a pris une courageuse résolution,
et malgré la brume et le froid, il a fait sa toilette d'été
et est venu au bal de Sceaux.

Certes, j'ai vu le bal de Sceaux brillant, car je le
connais depuis son origine; mais je ne l'avais jamais vu
aussi beau, non pas sous le rapport des toilettes, car
à la fête du pays, elles sont toujours très mêlées; mais
bien sous celui des décorations, et surtout de l'éclairage
qui était des plus brillants. On peut dire, sans trop
d'exagération, que la rotonde rappelle le souvenir
de ces brillants palais décrits dans les *Mille et Une
Nuits*.

Les vingt-quatre archivoltes étaient ornées de guirlandes en verres de couleurs, avec des ballons transparents et des demi-sphères à chaque colonne; on y
comptait plus de huit cents lumières.

Cet éclairage produisait un autre effet non moins
précieux : Malgré le froid humide qui régnait et qu'on
croyait insupportable, la douce chaleur que répan-
daient toutes ces lumières, avait tellement adouci l'air,
sous la rotonde, qu'on y éprouvait une douce tempé-
rature.

Pour ajouter encore à l'agrément du public, ou
tre un feu d'artifice d'un nouveau genre, les entrepreneurs avaient fait venir les musiciens du 47ᵉ, en

garnison à Paris, qui jouèrent plusieurs fanfares dans le jardin.

Le dimanche suivant, le temps était encore incertain, mais beaucoup plus doux et plus agréable. Le bal a été fort beau; l'affluence du monde y était peut-être un peu moins considérable que le jour de la fête, mais mieux composé.

Il n'y a pas eu de feu d'artifice, mais vers la fin du bal on a allumé successivement, autour de la rotonde, des feux de bengale de diverses couleurs, qui ont produit un merveilleux effet.

Le samedi suivant, les artistes du concert Vivienne sont venus donner une soirée, mais le temps était mauvais, et il y eut peu de monde.

Le lendemain, le bal était fort joli, quoique peu nombreux, un ventriloque à la Poupée s'y fit entendre.

Le prix des danses a suivi une progression ascendante comme toutes les choses de la vie; c'est notre argent qui perd tous les jours de sa valeur. Lors de l'établissement du bal, on payait dix centimes par contredanse. On a payé ensuite quinze centimes, après vingt; aujourd'hui, on est arrivé à vingt-cinq.

MARCHÉ AUX BESTIAUX.

La création du marché aux bestiaux est due au marquis de Gesvres, et remonte au dix-septième siècle. Il se tenait alors dans un champ dépendant de la commune du Bourg-la-Reine. Vers 1624, le duc de Trêmes, seigneur de Sceaux, le fit transporter sur le territoire de Sceaux. En 1672 et 1675, Colbert fit enclore ce marché et y fit construire une auberge et les bergeries et bouviers qui existent encore aujourd'hui. Puis, il y réunit celui de Poissy, de sorte que du temps de Colbert le marché de Sceaux tenait deux fois par semaine, le lundi et le jeudi.

En 1700, après la mort de Colbert, la ville de Poissy adressa une requête au roi, qui fit rétablir son marché, lequel partage depuis cette époque, avec Sceaux, le monopole de la vente des bestiaux pour l'approvisionnement de Paris et de ses environs.

Cette même année, les héritiers de Colbert ont vendu ce marché avec les droits seigneuriaux qui y étaient attachés, 450,000 francs, à la corporation des bouchers de Paris, qui le revendit en 1707 aux trésoriers de la caisse de Sceaux et de Poissy.

Vente et Produit.

Il y a 60 ans, il se vendait de 5 à 600 bœufs et vaches par marché et de 4 à 5,000 moutons.

On payait d'entrée au marché 6 centimes et demi par bœuf ou vache, et 5 centimes par mouton.

Le produit était de 13 à 14 mille francs par an.

En 1825, il se vendait de 8 à 900 bœufs par marché et de 6 à 7,000 moutons. Au même prix d'entrée pour les moutons seulement, car l'entrée des bœufs avait été supprimée ; le produit annuel était de 16 à 17 mille francs.

De 1831 à 1832, on fit faire des travaux considérables de réparations, d'améliorations et d'embellissements qui coûtèrent plus d'un demi million. Ces travaux furent entrepris par la compagnie Caillard, moyennant l'abandon par la ville du produit du marché, pendant 19 ans, avec une forte augmentation dans le prix des entrées, dont voici le nouveau tarif. 75 centimes par bœuf ou vaches, 25 centimes par veau, et 10 centimes par mouton.

Il se vend aujourd'hui 11 à 1,200 bœufs et vaches par marché, environ 5 à 600 veaux, et 9 à 10,000 moutons. Le revenu en 1842 est monté à 105,000 francs.

Au sujet du prix de la vente, il est bon de remarquer ici que les journaux ne rendent pas un compte exact du cours des marchés, ou, pour mieux dire, que ces prix ont besoin d'une explication. Ces prix sont toujours établis sur le poids présumable de la viande vendable chez le boucher, sans y comprendre ce qu'on nomme l'abattage. Cet abattage, qu'on évalue à 10 cent. la livre, comprend la peau, les entrailles, le suif et la corne. Il résulte de ceci, que les bouchers hors barrières pourraient vendre la viande aux prix indiqués par le cours, et avoir encore un bénéfice, et ceux de Paris, en y ajoutant le prix de l'entrée qui est à peu près de 10 cent. par livre.

MANUFACTURE DE FAIENCE.

Vers 1750, un chimiste distingué nommé Chapelle, fonda la manufacture de fayence de Sceaux. Il aurait désiré faire de la porcelaine, mais comme il aurait fait concurrence à la manufacture royale de Sèvres, Louis XV lui refusa les lettres-patentes nécessaires. Alors il s'en tint à la faïence; mais son génie inventif lui fit trouver une nouvelle composition à laquelle il donna le nom de fayence japonnée, parce que, par la beauté de son émail, la perfection de ses peintures et la finesse de ses couleurs, elle imitait parfaitement la porcelaine du Japon. Plus tard, quand la porcelaine se multiplia, on ne fit plus que de la faïence blanche, mais toujours de beaucoup supérieure à celle des anciennes fabriques. On y occupait de 60 à 80 ouvriers.

La duchesse du Maine, pour favoriser cet établissement, lui donna un filet d'eau provenant du bassin du petit château, qu'elle s'engagea à fournir tant que cette manufacture existerait. Cette manufacture fut ensuite exploitée par M. Glos, après lui par M. Cabaret, et dans ces derniers temps par M. Marsault, qui la laisse périr depuis quelques années, bien à son détriment car on lui en a offert 90,000 francs.

8

HISTORIQUE DES MAISONS DE SCEAUX.

Maison des Pauvres, rue Picpus.

Cette maison servait autrefois d'infirmerie pour la maison des princes. A côté était la maison des sœurs destinée à l'instruction des jeunes filles; elle n'a pas changé de destination. La maison des pauvres est nommée ainsi, parce qu'elle a été donnée pour les pauvres auxquels le revenu est destiné. Le comte d'Eu fit agrandir le jardin de cette maison, en 1768, au moyen de l'acquisition d'un petit terrain à côté.

Cette maison servit 50 ans de presbytère pour loger MM. les curés de Sceaux.

Maison connue sous le nom de Maison Sartoris.

Cette maison fut successivement occupée par MM. Famin, Duchatel, père du Ministre de l'intérieur d'aujourd'hui, Gorlay et Sartoris qui y a dépensé près d'un million. Elle appartient aujourd'hui à M. le duc de Trévise, et vient d'être louée à M. Bonnet.

Maison Trévise appelée le Chateau.

Cette maison était occupée avant la révolution par M. Perrié intendant du duc de Penthièvre, ensuite par M. Lecomte, et aujourd'hui par M. le duc de Trévise.

Petit Chateau.

Dans l'origine le petit Château appartenait à **M. le Boult**, conseiller d'état. Colbert en fit l'acquisition en 1682. Il était occupé du temps du duc de Penthièvre, par M. Cornuo, son trésorier. Depuis la révolution, il a été occupé successivement par M. Defrance qui réunissait les hypothèques et l'enregistrement, M. le comte de Jean, la sous-préfecture, M. Deschesnes, M. Poisson, et aujourd'hui M. Paggioli, médecin Italien.

Ménagerie appartenant a la société des eaux de Sceaux.

Le chevalier de Merrey l'a occupée du temps du duc de Penthièvre.

Depuis l'acquisition par la société, en 1799, M. de Florian, ensuite le général Grandeau, aujourd'hui sa veuve.

Il y a un établissement de bains qui fut fondé en 1825 avec l'eau de l'étang du Plessis; mais tous les ans, quand venait la saison des chaleurs, cette eau fermentait, prenait une teinte verte et une odeur désagréable. Pour éviter ce double inconvénient, la société a substitué une autre eau. Depuis 1842, le service se fait avec l'eau de la source des Vaux-Robert, au moyen d'une pompe à roue.

Maison connue sous le nom de Maison de l'Amiral.

Cette maison a été occupée par M. Muiron, ensuite par son gendre M. Duclosel, qui furent tous deux maires de Sceaux, ensuite par l'amiral Tchitchagoff, * aujour-d'hui par M. Bertron.

Maison Cierlans.

Cette maison a été occupée par M. Trévillié qui fut maire de Sceaux, ensuite par M. Cierlans, aujourd'hui par M. David.

Maison Debure.

Cette maison fut successivement occupée par MM. Trudon, Certain, le comte de Labourdonnaye et MM. Debures frères. Les MM. Debures sont d'anciens libraires distingués par leur érudition. Ils sont parvenus avec beaucoup de persévérance et de dépense, à former une collection de 60,000 portraits, classés par ordre alpha-

---

* On croit que cet amiral favorisa le passage de la Bérésina aux troupes françaises après l'incendie de Moscou, en 1812. Mais il est plus probable qu'il fut la dupe d'une ruse de Bonaparte.

bétique, qui remontent à la plus haute antiquité, et dont une grande partie sont aujourd'hui d'une valeur inappréciable par leur rareté, ou la beauté de la gravure.

M. de Labourdonnaye était très vain de sa noblesse. Un jour que je lui donnais une quittance, ayant oublié de mettre son titre, il me la rejetta avec dedain, en me disant : Monsieur, je ne m'appelle pas de Labourdonnaye, je me nomme le comte de Labourdonnaye.

MAISON PIET.

Cette maison fut occupée avant la révolution par M. Hoquet, homme âgé qu'on appelait le Père-Hoquet. M. de Corancé, gentilhomme du duc de Penthièvre, et rival de Florian dans ses bonnes grâces. Ensuite et successivement par MM. Duotier, Lalande, Tortony et Piet.

MAISON DELACHEVALLERIE.

Cette maison commencée par Pallois, fut terminée par M. Delachevallerie à qui elle appartient aujourd'hui. Quand Pallois commença à bâtir cette maison, il n'avait que 8,000 francs. Il comptait probablemeut sur des rentrées qui ne vinrent pas. Il dépensa cette somme en cave et en fondation. Par un effort, pour ainsi dire sur-humain, il parvint à élever le rez-de-chaussée jusqu'au premier plancher sans argent; mais arrivé là, n'ayant plus de crédit, ses créanciers le forcèrent de vendre, et tout fut perdu pour lui. Une partie des assises du rez-de-chaussée de cette maison proviennent des pierres de démolition de la Bastille.

Hôtel de la Sous-Préfecture.

Cet hôtel fut bâti par Pallois, qui le vendit à M. Grémion, dans la révolution. Le gouvernement l'acheta en 1819 pour y fixer la Sous-Préfecture de l'arrondissement.

Tout récemment, en décarrelant une pièce au rez-de-chaussée de cet hôtel, on trouva des dalles sur lesquelles étaient gravés le nom des rues dont Pallois avait gratifié Sceaux pendant la révolution. C'était la rue du Droit de l'Homme, de Voltaire, celle de l'Agriculture, de Mutius Scévola, de Brutus, de la Montagne, place Jacobine, etc. C'est M. Muiron qui fit rétablir le nom des rues, excepté pourtant celle Voltaire qui s'appelait autrefois rue du Puits. Alors Pallois reprit ses inscriptions, et s'en servit à daller une pièce dans sa maison.

Dans le même hôtel de la Sous-Préfecture, il est entré plusieurs dalles, seuils et appuis qui provenaient de pierres de la démolition de la Bastille. Il est probable que les dalles en question en provenaient également.

Maison Chibour.

Cette maison fut successivement occupée par MM.

Boileau, Lafontaine, Trudon, Barrois père, Barrois fils qui fut maire de Sceaux, et Chibour.

MAISON DEFRANCE.

Cette maison fut bâtie ou augmentée de deux pavillons par M. Dufouart, et vendue après sa mort à M. Defrance. M. Dufouart était médecin; il prenait le titre de chirurgien du Val-de-Grâce. C'était un médecin bien modeste, car loin de vanter sa science, il disait que la médecine est un luxe d'un effet plus moral que physique. M. Defrance auquel appartient cette maison aujourd'hui, est un savant naturaliste, qui joint à une infinité de curiosités, une collection de plus d'un million de coquillages des plus curieux et des plus variés.

MAISON PÉRIN.

La maison Périn n'a de remarquable que le nom de son constructeur qui la bâtit avant la révolution. Ce constructeur fut Pallois.

MAISON ANDRY.

Elle fut occupée par M. Fauchat qui a été maire de Sceaux. Il avait un beau-frère aide-de-camp du général Junot, tellement amateur d'huîtres, qu'il en a mangé jusqu'à 80 douzaines à son déjeuner.

Maison Cahouet.

Cette maison fut habitée par l'abbé de la Chaux, célèbre antiquaire, bibliothécaire du duc d'Orléans, père de Louis-Philippe. Il tenait particulièrement le cabinet des médailles sur lesquelles il fit un ouvrage fort estimé.

Maison Boisset.

Cette maison a été successivement occupée par l'abbé Bodeau, M. Boucher et madame Boisset.

Maison Moullé, rue des Imbergères.

Cette maison a successivement appartenu à mademoiselle Boitelle, M. Debottière, mademoiselle Coquet, M. Antoine, négociant, et aujourd'hui à M. Moullé. Du temps de M. Vielcastel fils, en 1847, la Sous-Préfecture de Sceaux a siégé une année ou deux dans cette maison.

Maison Lureau, rue de la Lune.

Cette maison est bien insignifiante par elle-même, et je n'en parlerais pas, si elle n'eut pas été habitée par un illustre personnage.

Bernadotte, aujourd'hui roi de Suède, occupa cette maison pendant plusieurs années, du temps du Directoire, et s'y maria. A la suite du repas, il y eut un bal dans la maison de M. Armandies où beaucoup de personnes de Sceaux furent invitées.

On trouve sur le registre de l'état civil de Sceaux en date du 30 thermidor an VI, l'acte suivant :

« Jean-Baptiste Bernadotte, âgé de 55 ans, général divisionnaire des armées de la République, fils de Henri Bernadotte, procureur au sénéchal de Pau, Basses-Pyrennées; et de Jeanne de Saint-Jean son épouse,

« Et de demoiselle Bernard-Eugénie-Désirée Clary, âgée de 18 ans, fille de François Clary, négociant à Marseille, et de Françoise-Rose Somis ses père et mère, se sont unis, etc.

Ont signé :

BERNADOTTE, DÉSIRÉE CLARY, JEANNE DE SAINT-JEAN, ROSE SOMIS, CLARY, LUCIEN BONAPARTE, JOSEPH BONAPARTE, CLARY BONAPARTE, CHRISTINE BONAPARTE, MAURIN.

DESGRANGES, maire.

Un fait fort curieux, et peut-être unique dans l'histoire, c'est que les deux sœurs Clary de Marseille, filles d'un simple commerçant, ont épousé chacune un personnage devenu roi; et que la femme de Bernadotte, la plus jeune des deux sœurs, fut demandée en mariage par deux personnages aussi devenus rois.

Mademoiselle Clary, aînée, épousa Joseph Bonaparte qui devint roi d'Espagne, et la femme de Bernadotte avait, dit-on, été demandée par Bonaparte du temps qu'il n'était que simple lieutenant. Cela est d'autant plus probable, qu'il était très lié avec la famille Clary. La demande de Napoléon ne fut pas agréée par M. Clary, parce que sa position était encore trop précaire alors.

On raconte que du temps que Bernadotte demeurait à Sceaux, des demoiselles qui jouaient à Colin-Maillard, au moment où il passait, l'entourèrent dans leur cercle avec intention ; puis celle qui faisait le Colin-Maillard, le prit dans ses bras, en disant : Je tiens le général. Ce qui le fit rire.

On trouve dans Mérope, tragédie de Voltaire, les vers suivants :

Le premier qui fut roi fut un soldat heureux :
Qui sert bien son pays n'a pas besoin d'aïeux.

Ces vers s'appliquent parfaitement à Bernadotte. Bernadotte était le fils d'un procureur de Pau. A 24 ans il partit pour l'armée comme simple soldat. Comme il avait de la capacité, du courage et de l'instruction, il fit promptement son chemin, et devint maréchal d'empire sous le nom de prince de *Ponte-Corvo*.

Le vieux roi de Suède, Charles VIII, n'ayant pas d'enfant et ayant perdu, par une chute de cheval, le seul prince qui lui restait de sa famille, pensait à se

choisir un successeur. Bernadotte avait fait la guerre
en Allemagne; il était très connu et très estimé des
Suédois pour sa bravoure, sa justice et la noblesse de
son caractère. On le proposa au roi et à la diète comme
l'homme qui convenait au pays. Il fut agréé. Aussitôt
on envoya trois députés à Paris pour lui faire des propositions. Bernadotte accepta la succession du roi de
Suède, avec le consentement de Napoléon, qui non
seulement ne s'opposa pas à son élection, bien qu'il
eut d'autres vues, mais lui fit donner un million pour
son voyage.

En 1810 il partit pour Stockholm où on lui fit une
réception magnifique. Alors le roi l'adopta pour son
fils, et il fut reconnu prince royal de Suède.

En 1818, à la mort du roi, il monta sur le trône
et prit le nom de Charles XIV, ou Charles-Jean.

Maison Vandermarq.

Cette maison fut habitée avant la révolution par
M. de Meirey, ensuite par M. Garat directeur de la
Banque, ensuite par mademoiselle Mars, célèbre ac-
trice du Théâtre Français. Aujourd'hui elle appartient
à M. Vandermarq syndic des agents de change. M. Vandermarq a été maire de Sceaux quelques années.

Voyez les maires.

AUTORITÉS ECCLÉSIASTIQUES, JUDICIAIRES ET ADMINISTRATIVES DE SCEAUX, DEPUIS QU'ELLES SONT CONNUES.

AUTORITÉ ECCLÉSIASTIQUE.

MM. les Curés :

M. Baudouin du temps de Colbert et du duc du Maine.

M. de Fressy, du temps du duc de Penthièvre.

M. de Lepine, du temps de la révolution.

M. de Préneuf, sous l'empire.

M. Hunot,
M. Mabire, } Du temps de la Restauration.

M. Robert,
M. Euqueville, } Tous trois vicaires ou desservants administrateurs de 1831 à 1837, pendant l'exil volontaire
M. Bouchy, } de M. Mabire.

M. Bonafous, depuis 1837.

M. Baudouin mourut à Sceaux en 1749, à l'âge de 67 ans. Il est enterré dans le bas-côté du chœur, à droite en entrant dans l'église.

M. de Fressy était riche et généreux. On dit qu'il dépensa en bienfaits 80,000 francs de son patrimoine à Sceaux, où il mourut, et fut enterré dans l'église en face de la voûte du calvaire.

Voici une notice historique que j'ai recueillie sur M. de Préneuf.

Avant la révolution M. de Préneuf était chanoine de Notre-Dame. Il devint ensuite vicaire à Saint-Méry; Puis curé de Vaugirard, où il remplit quelque temps les fonctions de procureur fiscal. Au commensement de la révolution, il devint membre de l'assemblée municipale où l'appelèrent les vœux des habitants. En 90 il prêta le serment exigé, mais plus tard, en voyant la tournure que prenaient les choses, il le rétracta; alors il fut obligé de se cacher, d'abord à Vaugirard, ensuite à Paris, où il fut incarcéré. On obtint son élargissement, mais ne se voyant pas en sûreté, il se réfugia en Hollande. En 1801, il rentra à sa cure de Vaugirard. En 1807 il fut nommé à la cure de Sceaux. Plus tard, il passa à la cure de Saint-Leu, où il mourut. M. de Préneuf aimait beaucoup les enfants; on le rencontrait souvent dans les champs, entouré d'une nombreuse jeunesse.

Il avait un gros chien qu'il appelait bonhomme, parce que, quand il se tenait debout, un bâton à la patte, il avait l'air d'un vieux bonhomme.

M. Hunot, en quittant Sceaux alla à Saint-Gervais, et de là à Saint-Méry où il mourut.

M. Robert alla à la cure de Vanvres; M. Euqueville à Saint-Nicolas, et M. Bouchy à Courbevoie.

M. Bonafous est docteur en théologie. Il a été proviseur du collége de Marseille. Il vint ensuite à Paris;

l'archevêque le plaça à la Charité en qualité d'aumônier, puis, en 1837, le nomma à la cure de Sceaux, où il est aujourd'hui.

Si M. Bonafous n'eut pas été prêtre, il eut été un second Dumont-d'Urville ; car malgré le ministère sédentaire auquel il se destina, il ne put résister à son goût pour les voyages. On dit qu'il a visité toute la France, une partie des capitales de l'Europe, et quelques contrées des quatre parties du monde ; enfin on évalue à 12,000 myriamètres (50,000 lieues) le chemin qu'il a parcouru, tant sur terre que sur mer, dans ses nombreux voyages.

JUSTICE DE PAIX DE SCEAUX.

Avant la révolution, c'étaient les baillis au nom du roi ou du seigneur du lieu, accompagnés d'assesseurs, qui rendaient la justice et qui remplissaient les fonctions judiciaires dans l'étendue de leur ressort, mais avec des attributions bien plus étendues que celle des juges de paix, qu'on a beaucoup trop restreintes.

Le dernier des baillis du bailliage de Sceaux, fut M. Tessier Dubreuil.

Juges-de-paix qui ont successivement rendu la justice à Sceaux depuis la révolution.

MM.

Raguy, de 1789 à 1796.
Moullé, de 1796 à 1799.

Mouette,	de 1799 à 1801.
Duparc père,	de 1801 à 1814.
Séjean de Cézaux,	de 1814 à 1827.
Ranté,	de 1827 à ce jour.

M. Duparc fils ne fut pas heureux à la fin de ses jours. Par suite de divers malheurs, s'étant trouvé dans la gêne, il fut obligé d'accepter les fonctions de juge de paix à Tournan, petite ville de Seine et Marne, à 5 myriamètres de Paris. Il était malade quand il partit. Quelques jours avant, il avait été à Paris consulter une célèbre somnambule sur son état. Elle lui répondit d'une manière évasive, en lui donnant cependant quelques conseils, car elle vit bien que sa fin approchait. Effectivement, il avait hâté son départ pour tenir sa première audience, la date était fixée. Il siégea cette seule fois, mais quelques jours après on le portait en terre. Sa femme qui était allée le rejoindre avec une voiture de meubles, arriva à temps pour le voir mourir.

A un quart de lieue de cette même ville de Tournan, se trouve le château d'Arminvilliers qui a appartenu au duc de Penthièvre.

SOUS-PRÉFETS.

Depuis le commencement de la révolution en 1789, jusqu'à la constitution du Consulat, en 1800, nous avions les districts d'arrondissement qui tenaient lieu des sous-préfectures d'aujourd'hui.

M. Desgranges père, a été administrateur général de celui du Bourg-la-Reine. Un simple ouvrier en était le syndic.

Depuis la constitution de 1800, nous avons des sous-préfets.

Voici les noms des sous-préfets qui ont successivement administré l'arrondissement de Sceaux depuis cette époque :

M. Houdoyer, de 1800 à 1814, époque de la Restauration.

M. de Saint-Céran de 1814 jusqu'en 1815, époque du retour de Bonaparte.

M. Houdoyer a repris pendant les cent jours.

M. de Vielcastel fils, de 1815 à 1819.

M. le baron de Vielcastel, père, de 1819 à 1821, époque de sa mort.

Après la mort de M. de Vielcastel père, le fils qui était sous-préfet à Nogent-sur-Seine, est revenu à la sous-préfecture de Sceaux, où il y est resté jusqu'en 1824.

M. de Laclaverie, de 1824 à 1830.

M. de Jussieu, de 1830 à 1834.

M. Lesourd, de 1834 à 1836.

Le vicomte Maison, de 1836 à 1845.

Aujourd'hui, M. Philippot de Tayac.

En 1830, après la révolution de Juillet, M. de Château-Giron a administré quelques mois la sous-préfecture de Sceaux, en qualité de commissaire délégué.

M. Desgranges a aussi administré la sous-préfecture

plusieurs fois par intérim, notamment après la révo-
cation de M. Maison.

M. Houdoyer était sous-préfet de Sceaux lors de la
Restauration ; il dut subir le sort commun à tous les
fonctionnaires de cette époque; il fut remplacé. Mais
la Restauration lui donna la croix et une retraite de
3000 fr. Lors du retour de Bonaparte en 1854, à la demande de ses administrés, M. Houdoyer reprit, malheureusement pour lui, la sous-préfecture pendant les
Cent-Jours. A la seconde Restauration, il fut de nouveau
remplacé ; on lui laissa sa croix, mais cette fois, sa retraite, qui était de 3000 francs, fut réduite à 1500
francs.

MAIRES.

Avant la révolution, c'était le clergé qui tenait l'état
civil des communes.

Un procureur fiscal était chargé de la police administrative et remplissait les fonctions de procureur du
roi. Un collecteur choisi tour à tour parmi les notables
du pays, était chargé de recevoir les tailles gratuite-
ment.

Au commencement de la révolution, c'étaient des
agents municipaux ou des délégués qui remplissaient
les fonctions administratives.

Depuis la constitution de 1791, l'état civil étant re-
tiré au clergé, les maires ou leurs adjoints furent char-

gés de cette importante fonction réunie à leurs attributions.

Alors des percepteurs, ou receveurs de contributions payés, remplacèrent les collecteurs.

Le dernier procureur fiscal de Sceaux était M. Milard. On disait maître Milard.

Voici les noms des maires qui ont successivement administré Sceaux depuis la révolution.

MM.		MM.	
Champin	1789	Muiron	1816
Glot	1790	Duclosel.	1820
Gorancé.	1791	Barrois	1822
Tréville	1791	Fauchat.	1825
Desgranges . . .	1792	Duparc fils . . .	1827
Duclosel.	1813	Garnon fils . . .	1830
Dupuis	1815	Vandermarq. . .	1837

Observations :

Les dates indiquent l'année de l'entrée en fonction de chaque maire.

Dans les premières années de la révolution, les maires n'avaient encore, comme je l'ai dit ci-dessus, que le titre d'agents municipaux.

Depuis 1840, il n'y a ni maire, ni adjoint à Sceaux ; un intérim aussi long, est peut-être un fait unique dans l'histoire administrative.

M. Garnon remplit les fonctions de maire en qualité

de conseiller municipal délégué, et M. Hiard celles d'adjoint.

Il paraît inconcevable que M. Garnon qui administre la commune de Sceaux d'après le désir, et à la satisfaction de tous ses administrés, ne soit pas nommé, car il est véritablement l'homme par excellence qui convient au pays dont il est l'enfant.

Aux dernières élections du 5 juin 1843, sur 84 votants il a eu 80 voix.

On doit à M. Barrois la couverture du lavoir de Sceaux, et le pavage de plusieurs de ses rues.

On doit à M. Garnon :

L'abreuvoir construit en 1831.

L'école communale, en 1833.

Le corps de garde, la même année.

Une partie du pavage des rues, en 1836.

Et enfin l'Hôtel-de-Ville, en 1843, par M. Naissant, architecte de l'arrondissement.

M. Garnon a été élu député de l'arrondissement de Sceaux, quatre fois consécutivement depuis 1834.

La première fois, en 1834, il fut élu par le collége tenu sous la rotonde à Sceaux. Il avait pour concurrent M. Laurent de Jussieu. Au scrutin de ballottage, il obtint 6 voix de majorité.

La deuxième fois, en 1837, le collége fut transporté à Montrouge. Il avait pour concurrent M. Lesourd,

Sous-Préfet, sur lequel il l'emporta au deuxième tour de scrutin, à 54 voix de majorité.

La troisième fois, en 1859, encore à Montrouge. Il l'emporta au premier tour de scrutin sur M. Darblay, à 195 voix.

Enfin la quatrième fois, en 1843, toujours à Montrouge, il fut élu au premier tour, il eut sur M. Paravey 548 voix de majorité.

MÉDECINS.

Avant la révolution, il y avait M. Rominy, premier mari de madame Thore, mère.

Dans la révolution jusqu'au consulat, nous avions M. Thore, père du médecin actuel, et M. Marcès. En 1802 M. Thore fils succéda à son père. Puis vient aujourd'hui M. Saint-Ange fils de ce dernier, jeune homme studieux et instruit qui promet beaucoup.

Il y eut encore quelques autres médecins passagers à Sceaux, mais qui n'eurent guère de consistance, à l'exception de M. Foussar qui exerça quelque temps après la mort de M. Thore père, ensuite de M. Lefèvre, et M. Dufouar qui n'exerçait pas à Sceaux, mais qui donnait des consultations gratuites aux personnes qui se présentaient.

Voici un fait intéressant qui mérite à plus d'un égard d'être rapporté ici :

M. Marcès, médecin à Sceaux, du temps du duc de

Penthièvre, fit la découverte d'une pommade très efficace pour les brûlures, les gercures et les seins des
nourrices. Après la mort de M. Marcès, sa veuve confia
sa recette à madame Desgranges, à la condition de la
remettre à son fils dans le cas ou il viendrait à exercer
la médecine à Sceaux; sinon pour en disposer à sa volonté.

Le fils de M. Marcès ayant pris une autre profession,
madame Desgranges resta en possession de la recette
qu'elle employa, tant qu'elle vécut, au soulagement de
l'humanité. Elle avait toujours de cette pommade, toute
faite, qu'elle donnait gratis aux personnes qui en demandaient.

Depuis la mort de madame Desgranges, madame
Chauchis qui hérita de sa bienfaisance, hérita aussi de
cette même recette, et continue d'en avoir à la disposition de toutes les personnes qui en ont besoin.

COMMANDANS DE LA GARDE NATIONALE.

Du temps de la Révolution, la garde nationale de
Sceaux fut successivement commandée par MM. de Florian, de La Martellière, Glos et Neustri.

Du temps de la Restauration, M. de Châteaugiron était
maréchal de camp, ou général divisionnaire de l'arrondissement de Sceaux; M. Duclosel était colonel;
M. Desgranges était commandant de bataillon; M. Marsault capitaine d'une des compagnies de Sceaux, et moi
sous-lieutenant.

En 1850, suivant la loi de 1791, M. Desgranges a été élu colonel de la légion de Sceaux, par la garde nationale.

Après la nouvelle loi de 1831 sur la garde nationale; M. Desgranges a été élu tous les trois ans, candidat au grade de colonel de la troisième légion et nommé par le roi. Les autres grades sont tellement multipliés qu'il serait trop long d'en parler ici.

Notaires.

En 1775, M. Desgranges père était notaire seigneurial à Fontenay. Cette même année, il acheta de M. Taillandier, l'étude publique de Sceaux, qui avait précédemment appartenu à messieurs Champin; alors les deux études furent réunies à Sceaux. M. Desgranges mourut en 1812.

En 1808, quatre années avant sa mort, M. Desgranges père donna son étude à son fils.

En 1816, M. Desgranges fils céda son étude à M. Chauchis, son neveu.

En 1819, M. Chauchis étant mort, l'étude de Sceaux fut destinée à M. Garnon, mais M. Garnon n'étant pas encore en âge d'exercer, M. Desgranges fut obligé de reprendre l'étude encore trois années, jusqu'à la majorité de M. Garnon, comme notaire.

En 1822, M. Garnon succéda à M. Desgranges.

Enfin en 1831, M. Garnon céda son étude à M. Maufra, qui en est en possession aujourd'hui.

Bureau des hypothèques.

Voici les noms des conservateurs des hypothèques de l'arrondissement de Sceaux, depuis 1795, époque de la fondation de cette précieuse institution.

Le premier bureau était à Bourg-la-Reine. Il fut tenu par M. Lavisé, de l'an 1795 à 1799.

En 1820, il fut tranféré à Choisy.

M. Lebon le tint de 1800 à 1804. Ensuite M. Audron, de 1804 à 1807.

En 1807, le bureau des hypothèques vint à Sceaux.

M. Defrance fut le premier conservateur de Sceaux, de 1807 à 1816.

M. Dumaine reprit en 1816, jusqu'en 1852, époque de sa mort.

En 1852, vint M. Piet que nous avons aujourd'hui.

Imprimerie.

Cet établissement fondé vers 1851, par M. Grosse-tête, rue de la Petite-Croix, dans la maison apparte-nant maintenant à M. Watteau, a pris depuis huit ans, sous la direction du sieur E. Dépée, un assez grand dé-veloppement.

Située près des Messageries, l'imprimerie possède une machine à vapeur à haute pression, servant de moteur à deux presses mécaniques et faisant mouvoir simultanément une scie circulaire établie chez le sieur Favier, menuisier, rue Houdan, et voisin du sieur E. Dépée.

Cette imprimerie occupe environ trente ouvriers, et peut soutenir la concurrence avec la Capitale pour la rapidité et le soin apporté à l'exécution des travaux.

CIMETIÈRE.

Le premier cimetière de Sceaux était, suivant l'ancien usage, autour de l'église, et on enterrait les grands personnages dans l'église.

Du temps des princes, on établit le cimetière rue du Petit-Chemin, qui servit jusque vers 1814.

A cette époque, d'après la dernière loi sur ces sortes d'établissements, qui prescrit de les transporter hors les villes, le cimetière de Sceaux fut de nouveau établi sur la route de Sceaux au Plessis. On le nomme vulgairement le cimetière des Accacias.

LA

FILLE DU SUSPECT.

Voici un épisode de la révolution, que mes lecteurs,
et surtout mes lectrices, au cœur naturellement plus
sensible, me sauront peut-être gré d'avoir placé ici.
C'est donc à elles que je le dédie.

C'est une petite histoire puisée dans mes souvenirs,
et dont quelques scènes ont eu lieu à Sceaux.

I

Un dimanche du mois de mai 1794, on a pu voir un
monsieur et une dame avec une petite fille de trois à
quatre ans, qui vinrent se promener à Sceaux, afin de
se distraire des idées sombres qui les préoccupaient. Ils

étaient venus en coucou, car alors il n'y ava   pas d'autres voitures à Sceaux.

En arrivant, ils commandèrent leur dîner chez Baillet, traiteur, père du pâtissier d'aujourd'hui, et allèrent se promener dans le parc. Deux agents de police, qui probablement les avaient reconnus, les suivaient de loin dans leur promenade.

Ils observèrent bien nos personnages, mais ils ne
voulurent pas les priver de la dernière jouissance qui
leur restait peut-être à goûter dans ce monde. Ils leur
laissèrent donc faire leur promenade dans le parc, pen-
sant qu'il serait encore temps de remplir leur fâcheuse
mission au moment où ils en sortiraient. Voyant revenir nos promeneurs, ils se postèrent à la porte vers laquelle ils se dirigeaient pour rentrer dans Sceaux, et là,
les attendirent.

Cette porte, qui est murée aujourd'hui, se nommait
alors la porte des vaches, nom qui lui avait été donné,
parce qu'elle était le passage de ces animaux, que l'on
conduisait dans une prairie qui existe encore aujour-
d'hui dans le bas du parc.

Au moment où le monsieur, la dame et la petite fille
passaient la fatale porte, les deux agents se présentèrent
et leur demandèrent s'ils ne se nommaient pas monsieur et madame de Tilly. Sur leur réponse affirmative,
ils leur dirent qu'ils les arrêtaient au nom de la loi.

— Comment nous arrêter! mais vous vous trompez,
sans doute; c'est une erreur !

— Nous ne le pensons pas; car vous venez de nous dire que vous êtes bien monsieur et madame de Tilly, et de plus, voici votre signalement, qui se trouve bien exact. Il n'y a pas à s'y tromper.

— Mais c'est impossible ! nous n'avons rien fait.

— Rien fait, c'est possible; mais c'est peut-être pour ce que vous pourriez faire. Dans tous les cas, nous sommes obligés de remplir notre mission; nous en sommes fâchés, mais...

— Alors vous nous arrêtez donc comme suspects? Mais c'est affreux!

— Vous vous expliquerez quand on vous interrogera; nous n'avons rien à vous répondre là-dessus. Pour le moment, il faut nous suivre.

La dame, qui comprit toute l'étendue de leur malheur, ne put que verser des larmes; elle était anéantie. Elle prit son enfant dans ses bras et l'embrassa avec effusion, en disant : Mon Dieu! que vas-tu devenir, ma pauvre enfant! Qui prendra soin de toi! Mon Dieu! mon Dieu !

Dans ce moment, un incident d'une autre nature vint rendre cette situation encore plus dramatique. Un jeune homme de dix-huit ans, fils d'un bonnetier de Paris, qui était venu voir des parents à Sceaux, se trouvant présent à cette arrestation, s'avança pour faire quelques observations, prit autant qu'il lui fut possible, la défense des malheureux prévenus, mais il ne pouvait rien; il leur fallut se soumettre.

Ce jeune homme, d'un caractère doux et fort impressionnable, avait le cœur bon et généreux. L'émotion qu'il éprouva, en ce moment, fut si forte, qu'il se trouva mal et perdit connaissance. Alors la scène changea de caractère ; tous les regards se portèrent vers lui, et chacun s'empressa de le secourir. Il y a en cet endroit un ruisseau d'eau claire provenant des égoûts de la fontaine du pays. La dame alla y tremper son mouchoir, afin de rafraichir la figure du jeune homme, qui ne tarda pas à reprendre ses sens.

— Ah! monsieur! ah! madame! que de bonté! et dans un pareil moment!

— Comment que de bontés ! quand c'est nous qui sommes cause...

— Oh! dites plutôt victimes des méchants, et c'est ce qui m'a fait mal; car je suis bien persuadé que vous ne méritez pas...

— Ne parlez pas ainsi, malheureux jeune homme, car vous pourriez vous compromettre!... Nous serions désolés...

— Ne craignez rien, dirent les agents, nous apprécions sa douleur. Mais il est temps de partir.

— Messieurs, nous sommes à vous; mais de grâce, encore un instant.

Rien n'inspire des sentiments plus sympathiques que l'intérêt que quelqu'un nous porte dans le malheur, et surtout quand cet intérêt part de l'âme et est exprimé par un élan du cœur. La dame jugeant le

jeune homme digne de toute sa confiance, lui demanda
son nom et sa position. Il lui dit qu'il se nommait Paul
Arnot, qu'il était chez ses père et mère, marchands
bonnetiers, rue Saint-Honoré.

— Vous voyez notre position, monsieur, notre sort
est bien incertain. Voulez-vous nous rendre un grand
service?

— Madame, quelle que soit la nature du service que
vous me demandiez, je n'hésite pas à m'y engager.

— Je n'attendais pas moins de votre belle âme. Eh
bien! monsieur, c'est de nous faire le plaisir d'emme-
ner notre enfant chez vos parents, et de garder cette
chère petite, jusqu'à ce que nous puissions vous la redemander.

— Je m'en charge, madame, et vous pouvez être
assurée que mes parents et moi, nous saurons justifier
votre confiance. Votre nom et votre demeure, s'il vous
plaît?

— Pour le présent c'est inutile; plus tard, si...

Elle ne put en dire davantage; les agents les pressè-
rent de partir. La dame présenta sa petite fille au jeune
homme et lui donna une bague à diamant qu'elle portait à son doigt; le monsieur lui présenta un portefeuille dans lequel il y avait seulement quelques assignats, et ils se quittèrent dans un état difficile à décrire.

Jamais on n'en entendit parler depuis. On pense
qu'ils ont éprouvé le sort de tous ceux qui ont eu le

malheur de passer pour suspects à cette époque déplorable.

A ce moment suprême, le jeune homme, que je nommerai désormais Paul, était resté comme anéanti ; néanmoins, le sentiment de sa position lui revint promptement. La petite fille, dont il n'avait pas quitté la main, demandait sa maman à grands cris. Il se trouvait dans un grand embarras, car ce soin était tout nouveau pour lui, puisqu'il était fils unique, et que jamais il n'avait eu à s'occuper d'enfant. Il la consola du mieux qu'il put, lui disant qu'elle allait voir sa maman; et, comme moyen plus efficace, il la mena chez le pâtissier pour lui acheter des gâteaux.

Jusque là M. Paul n'avait été qu'étourdi, il avait agi d'après l'inspiration de son bon naturel, mais à peu près comme on pourrait agir dans un songe, c'est-à-dire sans discernement et sans comprendre la portée de l'engagement qu'il prenait. A ce moment donc, les réflexions lui vinrent en foule. Il se trouva dans une perplexité difficile à décrire après le départ des parents de sa petite protégée, qui, pour le moment, n'avait plus que lui seul au monde.

Il était cruellement tourmenté. Il se disait : M'être chargé d'une petite fille sans consulter mes parents... l'amener chez eux sans les avoir prévenus... s'ils ne voulaient pas la recevoir... ou s'ils ne la recevaient qu'avec répugnance... car, je ne suis pas chez moi... Mais pouvais-je faire autrement?... Pouvais-je refuser dans

un pareil moment?... Mon Dieu!... que fallait-il que je
fisse?... Je crois avoir bien fait, et, toute réflexion faite,
si c'était à faire, je le ferais encore. Pauvre petite! Va,
si tu as perdu une mère, tu en retrouveras une autre.
Ma mère est une excellente femme; elle approuvera ce
que j'ai fait, j'en suis bien sûr. Quant à mon père, il
trouve toujours tout bien. Ainsi je puis être tranquille.

— Allons, viens, ma petite; viens voir ta nouvelle
maman.

— Maman! maman! maman!

Il la prit par la main, l'emmena. Ils montèrent dans
un coucou et partirent pour Paris.

Ce n'est qu'en route que M. Paul pensa qu'il avait
quitté sa compagnie; car c'était en attendant le dîner
qu'il était sorti pour faire un petit tour de promenade
dans le pays. Il n'était plus temps de rétrograder; il
continua donc sa route.

II

Arrivé à la place Saint-Michel, il prit un fiacre,
et ils partirent pour la rue Saint-Honoré.

Le fiacre s'arrêta en face de la boutique de M. Arnot, père de M. Paul. Madame Arnot se trouvait dans
ce moment à sa porte. Voyant s'arrêter un fiacre devant
sa boutique, elle porta tout naturellement sa vue dedans pour voir les personnes qui lui arrivaient. Elle
aperçut d'abord son fils, ce qui lui causa de la surprise

et de l'inquiétude en même temps, car il était sorti
pour la journée; elle ne l'attendait donc pas avant le
soir, et un fiacre était une chose tout à fait inusitée
pour lui. Le cocher descendit de son siége, ouvrit la
portière et baissa le marche-pied. Paul, dont le cœur
battait à rompre sa poitrine, prit la petite fille dans ses
bras et descendit; dans le trouble de son esprit, il n'a-
vait pas aperçu sa mère. Qu'on juge de la surprise
de madame Arnot, quand elle le vit descendre avec un
enfant dans ses bras.

— Quel est cet enfant?...

— Ma mère prenez, prenez, vous saurez ! ! !

— Mon Dieu, mon fils se trouve mal ! du secours !

Cependant elle reçut la petite qui échappait à son
fils, tandis que le cocher le soutenait en attendant que
M. Arnot eut le temps de venir à son aide. La maman
porta l'enfant dans la boutique. Le cocher avec le papa
se chargèrent de M. Paul qui était tout à fait sans connaissance. Tout le voisinage était aux portes et chacun
faisait ses conjectures, et les parents du jeune homme
tout comme les autres.

— Il faut avoir été témoin de pareils événements
pour se faire une véritable idée de l'émotion qu'ils pro-
duisent et du désordre qu'ils entraînent. La boutique
était pleine de monde plus importun qu'utile, plus
inquiétant que tranquillisant pour la sûreté de la maison, car ils se fourre des filous partout, et M. et madame Arnot avaient une occupation plus sérieuse et

plus pressée que celle de surveiller leur maison.

Cependant le jeune homme ne reprenait pas ses sens, chacun se disait : voici un singulier événement ; mais quel est cet enfant ?

— Comment vous ne comprenez pas ?

— Ma foi... pas trop... à moins pourtant...

— Pourtant... vous y êtes, c'est ça, c'est bien ça... Allez, ce n'est pas difficile à deviner.

— C'est ça, c'est bien ça ; quoi ?

— Hé bien puisqu'il faut vous mettre les points sur les i, le jeune homme est le papa de la petite...

— Allons donc, vous ne le croyez pas, ce n'est pas possible ; il est trop jeune ; voyez l'âge de la petite fille ; d'ailleurs il ne sort jamais ; il n'a aucune connaissance ; il n'a qu'un oncle et une tante à Sceaux, qu'il va voir une ou deux fois par an. Je vous défie de me citer ?...

Dans ce moment, un médecin qu'on avait été chercher, arriva, tâta le pouls du malade et dit ; il a une forte fièvre, il faut le coucher. Il employa tous les moyens de l'art pour le faire revenir et rappeler ses sens, tout fut presque inutile pour le moment ; ce n'est que fort tard, dans la nuit, qu'il commença à donner quelques signes d'existence ; mais ce nouvel état était encore plus alarmant que le premier ; car survint le délire accompagné d'une grande agitation. Le médecin ne l'avait pas quitté. Ce nouvel état exigea d'autres remèdes. On employa les potions calmantes, les saignées, les sinapismes ; alors seulement l'agitation se calma , mais le délire conti-

10

nuait; il prononçait des mots inarticulés qui n'avaient
aucun sens; cependant, comme il était calme, le médecin
se retira, promettant de revenir le lendemain dans la
matinée.

Comme on peut bien le penser M. et madame Arnot,
ne se couchèrent pas de la nuit, ainsi que la bonne
qui s'occupa particulièrement de la petite fille, qui
aussi, donna beaucoup d'occupation dans cette terrible
nuit ; elle ne cessait de pleurer et de demander sa maman, et rien ne pouvait la calmer ni la consoler. Pour
comble d'inquiétude M. Paul ne pouvait parler et la
petite ne le savait pas encore; on avait fait plusieurs
tentatives auprès de cette enfant pour savoir quelque
chose, mais elle était si peu avancée pour son âge qu'elle
ne pouvait pas même dire son nom; de sorte qu'on
était dans une ignorance complète de tout ce qui s'é-
tait passé.

Le lendemain toujours à peu près le même état;
toujours la fièvre et le délire, mais, plus de calme et
plus d'ordre dans les idées. Dans l'après-midi de ce
jour, on entendit qu'il prononça distinctement : pauvre enfant ! pauvre mère !... Viens ma petite..... tiens
voilà du gâteau...etc.

M. et madame Arnot tranquillisés sur l'état de leur
fils, pensèrent à prendre quelques informations sur
cette aventure. Ils envoyèrent d'abord à Sceaux où il
devait avoir été. Effectivement on leur rapporta qu'il
avait été voir son oncle et sa tante chez lesquels il avait

pris quelque chose en attendant l'heure du repas;
qu'ensuite il était sorti pour faire un tour de promenade; qu'ils l'attendirent longtemps pour dîner, mais
qu'il ne reparut pas. Ils envoyèrent ensuite chez toutes
les personnes de leur connaissance pour en tirer quelque lumière, tout fut inutile. Tout le monde faisait des
conjectures, et personne n'avait deviné : il fallut donc
attendre que le malade allât mieux pour qu'il pût lui-
même donner le mot de cette énigme.

Madame Arnot qui avait d'abord regardé l'enfant
d'un mauvais œil, commença à le voir avec plus d'intérêt, car elle se disait : si cependant, mon fils en
était le père, il serait de la famille; si au contraire,
c'est un enfant abandonné, dont il s'est chargé par un
élan de sa belle âme, je dois répondre à ses sentiments
par mes soins envers cette pauvre créature. Tout ceci
est bien extraordinaire, mais dans tous les cas, il y a ici
un devoir à remplir, et nous le remplirons.

Le surlendemain, M. Paul commença à reconnaître
les personnes qui l'entouraient. Le délire avait cessé,
mais il était si faible, qu'on ne voulut lui faire aucune
question, le médecin avait bien recommandé de ne pas
lui parler. Deux jours après il était tout à fait bien,
il ne lui restait plus qu'un peu de faiblesse.

Cependant on ne lui avait encore parlé de rien, on
attendait qu'il eût repris un peu plus de force. Lui, de
de son côté, y pensait aussi, mais chacun hésitait à

parler. Ce fut le jeune homme qui premier rompit le silence, il dit : ah ! ma bonne mère, que de peines, que de tourments je vous ai causés ! et cependant si vous saviez !

— Allons, mon ami, calme-toi, ne nous connais-tu pas ? n'es-tu pas assuré d'avance ?

— Que vous m'approuverez, ma mère ! Oh ! oui je n'en doute pas..... car à ma place, vous en eussiez fait autant... j'en suis bien sûr. Et puis je n'ai pas eu le temps de la réflexion, pas une minute ; il fallait dire oui ou non : j'ai dit oui, ma mère.

— Tu as bien fait, mon ami, tu as bien fait. Je ne sais encore rien, mais je suis persuadée que tu as agi en bon et loyal garçon. Voyons, bois ceci et puis tu vas me conter ça. Elle l'embrassa avec effusion et attendit qu'il parlât.

Paul lui raconta tout ce qui s'était passé à Sceaux et toutes les circonstances de sa rencontre avec le papa et la maman de sa petite protégée ; son embarras et ses réflexions en route ; enfin tous les détails jusqu'à son arrivée.

Pendant ce récit, sa mère pleurait de joie et d'attendrissement, et l'écoutait avec admiration. L'émotion qu'elle éprouvait était si forte, qu'elle lui arrachait des sanglots, qu'on eut pris pour du désespoir, si sa figure n'eût été rayonnante de bonheur.

— Mon cher Paul ! mon cher enfant ! tu m'as causé bien de l'inquiétude ! mais j'en suis bien dédommagée

aujourd'hui. Aussitôt elle appela son mari et dit à
Thérèse, c'est ainsi que se nommait la bonne, d'amener
la petite fille. Elle raconta à son mari tout ce qu'elle
venait d'apprendre, et prit dans ses bras la petite qu'elle
embrassa pour la première fois. Jusque là, elle n'avait
su sur quel pied la traiter ; mais de ce moment, elle la
regarda comme sa propre enfant.

On présenta ensuite la petite fille au jeune homme ;
tous deux éprouvèrent une forte sensation de plaisir,
et quoi que ce dernier fut au lit et coiffé d'un bonnet
de coton , elle le reconnut fort bien, et lui témoigna
toute l'affection que l'état de son moral pouvait sentir
et manifester. On l'avait placée sur le bord du lit,
M. Paul lui prit la main et la baisa au front. De ce moment, la petite le prit en telle affection, qu'elle voulait
toujours être avec lui ; il lui tenait lieu de sa mère
qu'elle ne demandait plus. Elle s'attacha aussi très
promptement à M. et madame Arnot. qui étaient devenus de véritables parents pour elle.

III

La tranquillité était rentrée dans la famille, mais on
convint, par prudence, vu les circonstances, de ne faire
qu'une demi-confidence aux voisins sur tout ceci.

Le jeune homme débarrassé ainsi d'un secret qui
l'oppressait et qui retardait sa convalescence , alla

de mieux en mieux, et quatre jours après cet événement, il était tout à fait rétabli.

Comme je l'ai dit, cette enfant ne parlait pas encore ; ce n'était pas manque d'intelligence, car elle comprenait bien ce qu'on lui disait, et connaissait parfaitement les choses par leurs noms, mais elle ne pouvait pas encore prononcer ; il n'y avait que les mots papa et maman qu'elle disait bien. Déjà plusieurs fois, on lui avait demandé son nom, elle répondait toujours li, li, li ; ce n'était pas là un nom. On prit un calendrier et on prononça successivement tous les noms féminins, elle répondait toujours li, li ; enfin quand on prononça le mot Émilie, elle fit un cri de joie et manifesta par sa satisfaction que c'était bien là son nom. M. Paul passa dans une pièce voisine et l'appela par ce nom, aussitôt elle courut se jeter dans ses bras, rayonnante de joie et de bonheur : on l'avait comprise.

Émilie donc, puisque tel était son nom, était d'une ravissante gaîté, et remplie de charmantes qualités pour son âge ; elle était douce, amicale et reconnaissante, en un mot très gentille. Elle dédommageait bien M. et madame Arnot des peines qu'elle leur avait causées ; aussi l'aimaient-ils beaucoup, et si on était venu la leur redemander, ils ne s'en seraient séparés qu'avec chagrin.

Cependant cette aimable enfant n'était pas à eux ; elle avait quelqu'un qui lui touchait de plus près ; on devait tout naturellement avoir de l'inquiétude sur le sort de son papa et de sa maman ; car ils avaient été arrêtés comme suspects, et à cette terrible époque, les procès n'étaient pas longs ; il n'était pas même permis de se défendre ; on était jugé sur pièce, et quelles pièces! une simple accusation, puis condamné : c'était l'affaire de quelques minutes.

Tous les jours il y avait des exécutions ; la guillotine était alors en permanence. Ainsi il était plus que probable que nos malheureux prévenus étaient au nombre des victimes de ce règne atroce. On prit des informations dans les maisons où l'on savait qu'il y avait des prisonniers ; mais comme les renseignements qu'on pouvait donner, étaient très vagues, puisqu'on ne savait pas même le nom de ceux qu'on cherchait, car M. Paul, dans son trouble, ne s'en était pas ressouvenu, on ne put donc rien découvrir. Seulement le concierge d'une de ces maisons, dit avoir entendu parler d'une lettre qui avait été adressée à un bonnetier de la rue Saint-Honoré, mais que le commissionnaire n'avait pas trouvé, faute de numéro. Avec un peu de bonne volonté, quoique cette rue soit fort longue, cela n'eût pas été bien difficile ; il n'aurait fallu que la parcourir dans toute sa longueur et s'adresser aux bonnetiers; mais il n'en fut pas ainsi. La lettre, qu'est-elle devenue?... Le commissionnaire, personne ne le connaît.... Il faut donc tirer le rideau sur ce sombre tableau et oublier, s'il se peut, ce triste souvenir.

Les enfants oublient très facilement le bien et le mal. On ne parlait pas à Émilie de ses parents ; elle ne s'en occupait pas non plus. Que pouvait-elle désirer? Elle était heureuse. Au bout de quelques mois, elle n'était déjà plus reconnaissable; elle avait grandi, et elle commençait à prononcer les mots plus distinctement. M. Paul lui apprenait l'alphabet, qu'elle comprenait très bien. Quelques mois plus tard, elle savait épeler; et un an après, elle lisait et parlait comme une petite femme. Tous les dimanches, et souvent les après-midi, on la menait promener aux Tuileries, et, comme elle aimait beaucoup à s'occuper, on lui avait acheté de jolies poupées, qu'elle habillait avec des vêtements qu'on lui avait appris à faire elle-même. Un jour on l'avait amenée à Sceaux; quand elle eut reconnu le pays, elle devint triste et préoccupée. On lui demanda ce qu'elle avait; alors elle demanda son papa et sa maman. On lui répondit qu'ils étaient partis pour un long voyage. Elle se contenta de cette réponse et ne tarda pas à reprendre sa gaîté habituelle.

Deux ans après les événements dont j'ai parlé, Emilie était devenue une jolie petite demoiselle, elle savait parfaitement lire et parler: Il était temps de penser à son instruction. On la mit dans un pensionnat qui était alors sur le boulevart de la Madeleine. Or, comme c'était très près, tous les dimanches on allait la chercher, et elle passait une partie de la journée chez ses parents adoptifs, qui se faisaient une fête de lui procurer tous les agréments possibles.

Cinq ans plus tard, à la fin de 1799, après le 18 brumaire ; Bonaparte était à la tête du gouvernement, le calme renaissait à l'intérieur, les églises étaient rendues au culte et l'ordre régnait. Notre jeune pensionnaire pouvait avoir à peu près onze ans. Il fut question de lui faire faire sa première communion; mais il se présenta une difficulté, c'est qu'on ne savait pas si elle avait été baptisée. Dans l'incertitude, on la baptisa sous conditions.

Il fallut un parrain et une marraine. M. Paul fut le parrain et madame Arnot la marraine. Madame Arnot se nommait Marie; elle voulut que sa filleule portât son nom. On la nomma Marie-Emilie, afin de lui conserver celui qu'elle portait. C'était un lien de plus qui l'attachait à sa nouvelle famille.

La maison de M. Arnot, secondée par son fils, qui faisait les affaires du dehors, prospérait de jour en jour. On avait augmenté le commerce d'une grande fabrique de tricots, et par cette addition, cette maison prenait une grande extension. Mademoiselle Emilie approchait de sa quatorzième année; elle était aussi instruite qu'une demoiselle de condition peut le désirer. Les affaires se multipliaient. On aurait eu besoin d'un commis pour tenir les écritures. On la retira de pension, et on la dressa à la tenue des livres de la maison, ce qu'elle fit avec zèle, plaisir et intelligence.

Je n'ai pas encore fait le portrait de nos personnages, parce que je ne crois pas que cela soit bien nécessaire; et qu'il ne peut réellement rien ajouter à l'intérêt qu'ils inspirent. Cependant, pour me conformer à l'usage, je vais en dire deux mots.

M. Arnot était un homme d'une cinquantaine d'années, d'une taille et d'une tenue très convenables; madame Arnot avait la quarantaine bien comptée, était de moyenne taille, avait été jolie et était encore fort belle; M. Paul était un charmant jeune homme à la mode du temps ; enfin, mademoiselle Emilie était une brune fort gentille, qui promettait de devenir fort jolie. Ajoutez à ces portraits, de la fortune, de la santé, de l'ordre, le plus parfait accord et un beau chemin devant soi, certes, ou il ne peut exister aucun bonheur dans ce monde, ou on doit le trouver dans cette maison.

Cependant on dit, et c'est avec raison, qu'il n'y a pas de bonheur sans nuage. Ce nuage devait donc apparaître, et il apparut. Il était bien noir, bien sombre; si sombre qu'il rembrunissait tous les visages de nos personnages naguère si rayonnants et si gais. Heureusement qu'il ne fut que passager; mais il dura assez long temps pour apporter le chagrin et la désolation dans la famille.

Nous arrivons à cette désolante époque où il fallait bon gré malgré que tous les hommes en état de porter les armes fussent soldats. Bonaparte, qui alors était empereur, faisait une telle consommation d'hommes, qu'il fallait que tous y passassent. Après avoir pris l'actif, la réserve, le ban, l'arrière-ban, jusqu'aux vétérans, il imagina de former ce qu'il nommait une garde d'honneur avec les fils de famille. C'était demander beaucoup trop, c'était demander la bourse et la vie; car ces fils de famille s'étaient déjà rachetés en se faisant remplacer. Il fallut pourtant se soumettre et partir. Mais cette mesure était tellement criante et offrit tant de difficultés dans son exécution, qu'elle n'eut qu'une durée pour ainsi dire éphémère. Bonaparte, à qui rien ne résistait, échoua dans ce but; il avait affaire à trop forte partie. Au bout de quelques mois, chacun revint dans sa famille, et il n'en fut plus question. Ainsi M. Paul, comme tous les autres, en fut quitte pour faire un petit voyage *.

Cet instant d'inquiétude passé, la sécurité et le bonheur rentrèrent dans la famille. Emilie avait à peu près quinze ans; elle était devenue une charmante demoiselle, M. Paul en avait 50. Il était temps de penser à leur mariage, et on fut bientôt d'accord, car Émilie n'avait-elle pas été élevée pour M. Paul, et on pourrait dire ici, tout exprès pour lui. Il y avait douze ans, c'est-à-dire, depuis leur rencontre à Sceaux, qu'ils étaient destinés l'un pour l'autre; et, à moins qu'ils ne sympathisassent pas ensemble, ce mariage était dans l'ordre, dans les convenances, et on pourrait dire prédestiné. Aussi combla-t-il les vœux de chacun.

Quelques mois après ce mariage, on forma le projet d'aller voir le bal de Sceaux, qui était très en vogue alors.

---

¹ Cette tentative de Bonaparte eut lieu, je crois, deux fois, et deux fois elle ne produisit aucun résultat.

L'oncle et la tante n'y demeuraient plus à ce moment, mais ils furent de la partie. En arrivant, on commanda le dîner chez M. Morel, successeur du sieur Baillet puis on alla se promener. On pense bien qu'on ne manqua pas de visiter la porte des Vaches, dont le souvenir était à la fois si triste et si intéressant pour notre société. Ensuite on alla dîner. Ce dîner fut très gai; on y rit beaucoup, surtout, parce que la table balançait et que plusieurs fois le vin se répandit sur la nappe. Cependant cela pouvait devenir désagréable, car on aurait pu tacher ses vêtements. M. Paul eut l'idée, faute d'autre moyen sous sa main, de caller cette table avec trois ou quatre pièces de cinq francs : il les oublia après le dîner, et ce furent les filles qui en profitèrent.

<h2 style="text-align:center">IV</h2>

Plusieurs années se passèrent dans une parfaite tranquillité; c'était une lune de miel perpétuelle.

Un soir qu'on donnait au théâtre Feydeau *Le Calife de Bagdad,* pièce en vogue à cette époque, monsieur et madame Paul allèrent voir cette merveille. Dans la loge à côté de celle qu'ils occupaient, vint se placer une société composée de deux messieurs et de trois dames. Les dames se placèrent sur le devant, et les messieurs dans le fond. La dame qui se trouvait du côté de la loge de nos jeunes époux, pouvait avoir trente-cinq à trente-six ans : elle paraissait triste et avoir l'air de prendre peu d'intérêt au spectacle. Madame Paul occupait la place immédiatement à côté d'elle.

Dans sa préoccupation cette dame porta tout naturellement la vue sur sa voisine. Elle fut frappée de la ressemblance qui existait entre elle et une personne qui lui fut bien chère. Dans ce moment madame Paul porta sa main sur l'appui de sa loge, et on put voir à son doigt, la bague que sa mère avait remise à M. Paul le jour de son arrestation à Sceaux ; car nous devons dire que depuis son mariage elle portait cette bague, qui ne la quittait plus. Sa voisine l'avait parfaitement reconnue. Si à ce moment madame Paul avait paru plus âgée, la dame n'aurait pas hésité à se jeter dans ses bras en disant : ma sœur! Mais ce n'était pas sa sœur, elle était trop jeune; c'était donc sa nièce. Elle se contint et attendit le premier entr'acte.

Aussitôt que la toile fût baissée, elle se pencha vers elle et lui dit :

— Pardon, madame, voulez-vous me permettre une question?

— Comment donc, madame, parlez.

— Votre ressemblance avec une parente chérie, que je perdis, cette bague que vous portez au doigt, et que je crois reconnaître, me rappellent des souvenirs bien doux pour mon cœur et bien pénibles en même temps... Madame, ce n'est pas une indiscrétion de ma part; vous pouvez le croire. Voulez-vous avoir la bonté de me dire votre nom de famille ?

— Hélas! madame, cela m'est bien impossible, car je ne le connais pas moi-même. Tout ce que je sais, c'est que moi je me nomme Émilie.

— Émilie! oh! mon Dieu, je vous remercie! Plus de doute. Il reste donc quelqu'un à qui je puisse parler de ma sœur, quelqu'un de notre malheureuse famille... Oh! madame! nous sommes parentes! Il faut que je vous parle! Voulez-vous m'indiquer votre demeure et l'heure à laquelle je pourrai vous voir demain, s'il est possible.

— Demain matin, madame, vous me trouverez à votre disposition. Madame Paul, rue Saint-Honoré, 340.

Le lendemain matin la dame ne manqua pas de se trouver au rendez-vous. Madame Paul la reçut dans un petit salon très confortable. La dame prit la parole :

— Madame, je vous demande pardon; je ne sais trop comment entamer la conversation que je dois avoir avec vous et qui doit, je pense, vous intéresser autant que moi; car votre nom de demoiselle, la bague que vous portez, et votre ressemblance avec ma sœur, tout me dit que vous êtes ma nièce.

— La sœur de ma mère!.. oh! madame!.. vous la sœur de ma mère !

— Je le pense, ou pour mieux dire, je n'en doute pas. Mais racontez-moi tout ce que vous savez; car, quant à moi, je ne sais absolument rien de ce qui s'est passé depuis sa rentrée en France.

Madame Paul lui raconta tout ce qu'elle savait sur

ses père et mère, et que le lecteur sait déjà, et ensuite tout ce qui était relatif à elle, son mariage et sa
nouvelle position.

Quand elle eut fini, madame de Béval, c'est ainsi
que se nommait la tante d'Émilie, prit à son tour la
parole et lui dit :

— Il n'y a plus de doute, nous sommes parentes ;
mais avez-vous conservé quelque chose qui vous ap-
partint ; du linge, par exemple ?

— Oui, madame, je vais aller chercher mes effets
d'enfant qui ont été conservés religieusement.

Elle alla et revint aussitôt avec un petit paquet, et
de plus le portefeuille que son père avait remis à son
mari.

La tante reconnut aussitôt la marque de la petite
chemise, et une petite collerette qu'elle avait brodée
elle-même. Elle visita ensuite le portefeuille qu'elle reconnut aussi pour avoir appartenu à son beau-frère ;
elle trouva dans un conpartiment caché, qu'on n'avait
pas aperçu, un petit papier sur lequel était écrit, en
manière de carte de visite, le citoyen Tilly, rue des
Prestes, 21. C'était l'adresse du modeste local qu'ils
occupaient à Paris au moment de leur arrestation.

Madame de Béval raconta ensuite à sa nièce les événements antérieurs à ce que nous connaissons jusque-là.

Avant la Révolution, madame de Béval vivait en famille avec son père, son mari et sa sœur, demoiselle

alors, et plus tard madame de Tilly, dans leur château, près d'Étampes. Le mariage de madame de Tilly
avait été fait sous de bien mauvais auspices, car il eut
lieu la veille de la prise de la Bastille, en juillet 89.
Peu de temps après, il fallut penser à sa sûreté, car il
n'y avait plus de sécurité en France pour la noblesse ;
ils suivirent le torrent, et émigrèrent.

Le père de madame de Béval et de madame de Tilly,
venait de recevoir une somme considérable en or de
son frère mort à la Guadeloupe. Il en fit trois parts ; il
en donna une à chacun de ses deux gendres, et cacha
la troisième dans une des caves du château. Cette
mesure prise, chacun prit ce qu'il avait d'argent et de
bijoux, et partit.

M. de Béval et son beau-père prirent les armes contre la France. Le beau-père fut tué. Alors M. de Béval alla rejoindre sa femme, qui était avec M. et madame de Tilly en Angleterre, où ils restèrent ensemble
jusqu'en 94.

A cette funeste époque, M. de Tilly, qui n'avait pas
pris les armes contre la France, et dont le nom était
très peu connu, ne croyant rien risquer, voulut faire un
voyage à Paris avec sa femme et sa petite fille. Il partit
donc au grand regret de son beau-frère et de sa belle-
sœur. Il avait eu soin de prendre un passeport de
commis marchand, et avait loué, à Paris, et meublé
un petit local très modeste. Malgré ces précautions, il
fut arrêté, comme nous l'avons vu.

Quant à madame de Béval, ne doutant pas du malheur de sa sœur et de son beau-frère, elle était restée en Angleterre jusqu'au consulat, et elle s'y serait probablement fixée sans la mort de son mari, qui eut lieu à cette époque.

— Actuellement, dit madame de Béval à madame Paul, que nous voici réunies, il ne nous reste plus qu'à retirer les 200 mille francs qui sont cachés dans les caves de notre ancien château.

Quand madame de Béval eut fini sa narration, sa nièce appela son mari et ses nouveaux parents, et les présenta à sa tante, qui les trouva fort à son gré.

Madame de Béval était simple et sans préjugés. Son bonheur était de vivre en famille. Elle n'avait pas d'autres parents que sa nièce ; elle lui en fit donc la proposition, qui fut accueillie avec acclamation. Ceci convenu, on fit un voyage à Étampes, on visita le château qui avait été vendu comme bien d'émigré, ce qu'on savait déjà ; mais le but de ce voyage était d'aviser au moyen de retirer les 200 mille francs. On fit des propositions au propriétaire. Ce propriétaire était un homme consciencieux, qui savait fort bien qu'il n'avait pas payé ce domaine à sa valeur, et qui en fit d'autant meilleur marché, qu'il pensait qu'on reviendrait un jour sur la vente illicite de ces biens.

Voici donc nos personnages possesseurs d'un très beau domaine et jouissant d'une belle fortune, car on retrouva les 200 mille francs, qui, joints à d'autres

11

assez jolies sommes, et à l'argent provenant de la vente du fond de M. Arnot, forma un fort beau revenu.

On acheta une jolie maison à Paris pour l'hiver, et on allait passer la belle saison à Étampes. Il ne faut pas oublier de dire qu'il y avait déjà deux petits rejetons, deux petits Paul en herbe, qui contribuèrent à rendre cette vie tant soit peu monotone, plus gaie, plus vive, plus animée et fort agréable.

FIN.

COMPLÉMENT

DE

L'HISTOIRE DE SCEAUX

PAR M. SINET.

1844.

Quand on a fait un ouvrage, il est bien rare qu'on ne regrette pas qu'il ne soit encore à faire, dans la persuasion qu'on le ferait plus parfait; cela pourtant n'est nullement démontré; car il est plus que probable qu'on retomberait dans les mêmes fautes. Ce qui manque toujours quand on crée une chose quelconque, c'est cette chose elle-même, afin d'en voir d'avance les défauts et de les éviter.

J'ai commis quelques erreurs dans mon histoire de Sceaux; j'ai aussi oublié plusieurs faits assez importants; c'est pour réparer autant que possible mes erreurs et mes oublis, que j'ai fait ce petit supplément.

D'après cet exposé, il n'est pas étonnant que j'aie été critiqué; mais critiqué, tout ce qu'il y a de plus critiqué; et si comme on le dit, c'est un honneur, sous ce rapport, il est complet; j'aurais donc tort de m'en plaindre, puisque c'est le sort commun de tout ce qui se fait dans ce monde.

Je commencerai par remercier le critiqueur d'avoir daigné s'occuper d'un ouvrage aussi insignifiant; c'est peut-être lui donner plus d'importance qu'il n'en a réellement. J'ai néanmoins quelques reproches à lui adresser, c'est d'avoir dénaturé quelques phrases pour les tourner en ridicule, telles par exemple que celle-ci : *Un ruisseau d'eau claire provenant des égoûts de la fontaine du pays,* de laquelle il a supprimé les mots, *de la fontaine.*

Il critique la dédicace dans laquelle j'avoue ma faiblesse comme écrivain. Il aurait dû comprendre que n'ayant pas l'habitude d'écrire, j'ai voulu tout simplement en appeler à l'indulgence du lecteur; mais son intention n'était pas très bienveillante.

Il trouve exagéré le nombre des volumes dans lesquels je déclare avoir puisé, pour produire, dit-il, 60 pages de texte. Je n'ai cependant dit que la vérité, car ce n'est pas seulement pour 60 pages qu'il a fallu faire des recherches, mais bien pour 160, c'est-à-dire pour tout l'ouvrage. Ne fallait-il pas lier; coordonner les faits rapportés avec l'histoire, les événements et les dates du temps, il y a des auteurs qui sont si avares de dates, ou si incomplets; puis j'ai trouvé des caractères et des faits si épars et si contradictoires, que pour arriver à la vérité, et à un ordre régulier, il m'a fallu multiplier les recherches à l'infini. Il m'est souvent arrivé de feuilleter plusieurs volumes pour vérifier un seul fait, un caractère, ou même une simple date : ainsi quand j'ai parlé de 70 volumes, c'était pour ne pas dire davantage.

Il parle de bévue; à la vérité j'ai dit que Philippe Égalité, le mari de la duchesse d'Orléans, était le fils du Régent, tandis qu'il n'en était que le petit-fils. Eh! mon Dieu, je le savais; le mot *petit* est resté au bout de ma plume.

Il dit que la phrase, *tout n'est que passage dans ce monde,* n'est pas française, je suis de son avis; j'avais écrit dans le manuscrit, *passager,* l'*r* du mot passager est resté dans le casier de l'imprimeur; c'est une faute échappée à la correction.

Il parle de compilation, je ne crois pas que l'histoire s'écrive autrement que par tradition écrite ou orale; les premières époques de mon histoire sont puisées dans les écrits du temps, et les dernières, tant dans mes souvenirs, que dans ceux des contemporains; là-dessus Monsieur le critiqueur trouve que les premières époques sont mieux écrites que les dernières; il suppose, il donne même à entendre; qu'elles ont été extraites littéralement des ouvrages où j'ai puisés; ce qui n'est pas et ne peut pas être, car, ce que j'ai fait n'en est qu'une analyse, ou un abrégé très

succinct, rédigé d'après des notes prises çà et là,
dans une infinité d'écrits souvent contradictoires; je le
défie donc de me citer une seule phrase de mon ouvrage copiée textuellement dans aucune production
de ces époques : ainsi, s'il y a plus de liaison, plus
d'ordre et plus d'intérêt, dans les premiers chapitres
que dans les derniers, c'est que l'histoire chronolo-
gique des hauts personnages, dont il est question,
inspire un langage plus noble et plus élevé, que des
noms de rues, de maisons et de faits isolés.

Je conviens que cette dernière partie de mon récit,
que le critiqueur traite de tohu bohu, n'est pas très
élégante; elle est même, si l'on veut, très fastidieuse
pour certains lecteurs, mais elle peut donner des
renseignements utiles pour les habitants du pays : il
faut bien mettre dans une histoire tout ce qui doit
s'y trouver.

Mais je parle d'histoire ! il dit que mon histoire
n'est pas une histoire; cela est possible, et j'avoue
que j'avais l'intention de lui donner un titre plus
modeste, mais on m'a fait observer que les mots
documents ou essai, ne seraient pas compris par une
partie de mes lecteurs, j'ai donc dû mettre histoire.
Mon intention était tout simplement de rassembler
ce que je savais, et ce que j'avais pu recueillir sur
Sceaux, afin que ces faits ne fussent pas perdus pour
la postérité.

Il a critiqué quelques mots qui ne sont peut-être

pas très purs, ou très élégants, notamment le mot bague à diamant. Je ne me suis pas donné comme puriste, mais par exemple au sujet de l'expression, *bague à diamant*, elle n'est pas de moi, je l'ai trouvé écrite textuellement dans un ouvrage publié par une société d'hommes de lettres. J'ai vu aussi écrit bague de diamant; eh bien! il me semble que si la première expression est mal, cette dernière l'est bien plus encore ; car il n'existe pas de bague de diamant, c'est pourquoi j'ai choisi la première rédaction.

Le critiqueur parle d'anecdotes menteuses, je le défie de m'en citer une seule qui ne soit pas l'exacte vérité, j'ai commis quelques erreurs de détail, mais les faits énoncés sont exacts.

Ce monsieur s'occupe, dit-il, d'écrire l'histoire de Sceaux : je crois qu'il s'en gardera bien, car l'histoire d'une simple commune, si intéressante qu'elle puisse être, n'étant que d'un intérêt local très restreint, est une œuvre ingrate et improductive, pour ne pas dire onéreuse. Mais il est temps d'en revenir à l'histoire de Sceaux.

J'ai dit que c'était Colbert qui avait fait venir les eaux d'Aulnay, des Vaux-Robert et de l'étang du Plessis à Sceaux, et qui avait gratifié la commune des deux fontaines publiques dont elle jouit depuis.

C'est de 1675 à 1685 que cette immense opération a été faite.

La société des eaux de Sceaux possède les minutes

des titres de toutes les acquisitions qui ont été faites. par Colbert à cette époque pour l'établissement des voûtes, aquéducs, pierrées et tuyaux amenant toutes ces eaux, contenant ensemble plus de 8 mille mètres de développement, non compris les rigoles et déversoirs réunissant les eaux pluviales dans l'étang, qui s'étendent jusque dans la plaine de Clamart.

Suivant les termes des actes d'acquisition, Colbert a acheté la superficie, le fond et le très fond de la propriété, partout où passent lesdites eaux, ainsi que la servitude à perpétuité, et le droit de faire toute fouille et réparation sans être contraint de payer aucune indemnité pour les dommages qui pourraient être faits à l'avenir dans la largeur de 6 pieds de chaque côté des voûtes ou tuyaux.

Une chose fort curieuse au sujet de ces acquisitions, c'est la modicité du prix qui a été payé aux propriétaires vendeurs pour fouiller à travers leurs champs, bois, prés, vignes, vergers ou autres natures de culture. Ces acquisitions, ou pour mieux dire ces indemnités, n'ont été payées, terme moyen, que 2 francs par perche, de sorte que beaucoup de vendeurs dont les pièces étaient très étroites, se sont trouvés n'avoir reçu que 50 sous, 20 sous et même 15 sous, dont aux termes des actes, ils se sont déclarés contents et satisfaits.

Ainsi Colbert a obtenu pour 2 francs par perche, ce qu'on n'obtiendrait peut-être pas aujourd'hui

pour 60 francs, sans compter (à moins d'une expropriation forcée) les mille et inévitables difficultés qui
ne manqueraient pas de venir entraver l'opération
ou même la rendre impossible. Mais Colbert était le
seigneur de Sceaux.

Je n'ai aucune donnée sur ce qu'ont pu coûter
tous ces immenses travaux, mais ce dont je suis bien
certain, c'est qu'on ne les ferait pas aujourd'hui pour
un demi million; et je ne parle que de ce qui est ex-
térieur au parc, sans compter les indemnités aux
propriétaires du sol, et l'établissement de l'étang
du Plessis. Il faut savoir que par les mouvements du
terrain, il se trouve des endroits où les voûtes et les
tuyaux passent à 7 et 8 mètres de profondeur sous
terre, ce qui a encore augmenté les difficultés, et
parconséquent les dépenses.

Il est bon de relever ici un préjugé qui est généralement accrédité; on croit que la source des eaux
d'Aulnay se trouve dans la propriété de M. Henne-
quin à Aulnay, c'est une erreur; il y a bien effectivement deux regards dans cette propriété qui com-
muniquent par des pierrées aux voûtes d'Aulnay,
d'où il sort un filet d'eau, mais ni les eaux d'Aulnay,
ni celles des Vaux-Robert n'ont de sources proprement dites; les eaux se réunissent dans les voûtes
par une infinité d'infiltrations plus ou moins appa-
rentes, et finissent par former le volume dont nous
jouissons : ainsi partout où l'on fouille à Aulnay et

dans la colline des Vaux-Robert, on trouve de l'eau dans le sol qui en est rempli, mais je le répète, sans source proprement dite. Je parle de ceci avec connaissance de cause, car j'ai souvent parcouru l'intérieur de ces voûtes [1].

Louis-Philippe et madame Adélaïde n'ont pas été élevés à Sceaux, cependant ils doivent en garder un précieux souvenir. On se rappelle avoir vu quelquefois aux balcons du château, ou dans les jardins particuliers, quatre jolis enfants accompagnés de la duchesse d'Orléans leur mère. Ils étaient vêtus le plus ordinairement de tuniques bleu tendre et d'écharpes blanches. Ces quatre enfants étaient : Louis-Philippe alors duc de Chartres, madame Adélaïde, et les ducs de Montpensier et de Beaujolais ; ces deux derniers sont morts sur la terre d'exil, le premier en Angleterre, en 1807, le second à Malte, en 1808.

Comme je l'ai déjà dit, il existait dans l'église de Sceaux une chapelle destinée à la maison des princes, et, bien qu'il y eût un aumônier au château, la duchesse se plaisait à venir à cette chapelle avec ses enfants, entendre la messe de la paroisse.

La duchesse aimait beaucoup Sceaux qui lui avait été donné par son père, et elle l'aurait probable-

[1] Comme je l'ai dit, les eaux d'Aulnay fournissent 8 seaux d'eau de 10 litres par minute, et celles des Vaux-Robert 10.

ment habité, si la révolution ne fût pas survenue pour l'en empêcher. La dernière fois qu'elle vint le visiter (vers 95). On remarqua qu'elle fondait en larmes en voyant le commencement de la dévastation que son cher domaine avait subi par les premiers actes du vandalisme révolutionnaire[1]. Elle était tellement pénétrée du malheur de cette époque de désolation, qu'oubliant son rang et sa fortune, et comme pour se mettre au niveau de la misère publique, elle était venue à Sceaux dans un misérable fiacre des plus mal équipés. Ces faits sont encore présents à la mémoire des personnes de cette époque.

Louis-Philippe paraît aussi avoir regretté Sceaux, qu'il aurait probablement fait rétablir, car il a eu le projet de le racheter.

———————

Voici un nouveau fait fort intéressant sur Bernadotte :

J'ai dit que Bernadotte dont la vocation était l'état militaire, partit pour l'armée à 24 ans.

En 1787, il fut incorporé comme simple soldat au régiment de royal-marin, alors employé en Corse aux travaux de la route de Bastia à Saint-Florent[2]. Ainsi, Bernadotte a dû piocher la terre et rouler la

---

[1] A cette époque on ne respectait rien ; ce domaine a été envahi avant la loi d'expropriation

[2] Tiré des lettres sur la Corse par Mermilliod, député, feuilleton du Journal des Debats, février 1844.

brouette à son début dans la brillante carrière que le sort lui avait réservée. Ainsi, c'est en commençant par l'état le plus humble, qu'il s'est élevé, par degrés, jusqu'au sommet des grandeurs humaines.

Devenu caporal, ce grade lui donnait un peu plus de loisir, que son activité a toujours su mettre à profit. Il copiait des actes et des jugements chez un greffier de Bastia. Ce greffier avait deux filles. L'une d'elles nommée Francesca, fixa l'attention de Bernadotte qui en devint amoureux et la demanda en mariage; mais comme il n'avait alors qu'un sabre au côté, sa demande fut rejetée. Ainsi, cette malheureuse fille qui aurait pu être reine et aujourd'hui douairière de Suède, est dit-on tombée à l'état de porteuse d'eau; profession qu'elle exerce depuis plusieurs années à Bastia.

Bernadotte épousa, à Sceaux, onze ans plus tard, mademoiselle Clary, de Marseille, qui avait été refusée à Bonaparte [1], comme je l'ai dit dans mon histoire. Singulière destinée; deux demoiselles refusent chacune un personnage devenu roi, l'une (mademoiselle Clary), n'en est pas moins devenue reine par suite de son mariage avec Bernadotte, l'autre (mademoiselle Francesca), en le refusant devint porteuse d'eau [2].

[1] Je tiens ce dernier fait d'une personne de Marseille qui a connu intimement la famille Clary.
[2] Bernadotte vient de mourir il y a peu de temps.

En parlant du groupe de marbre représentant le baptême de Jésus-Christ, placé sur l'autel de l'église de Sceaux, j'avais été mal renseigné ; il n'est ni de Puget, ni de Billy. M. Cauvin, aujourd'hui curé de Sceaux, a trouvé tout récemment dans les archives de l'église, le mémoire du sculpteur qui fit ce chef-d'œuvre ; il a été fait en 1680, du temps de Colbert, par un nommé Tuby, sur les dessins de Lebrun, peintre du roi. Il a coûté 5,900 livres, ce qui d'après la dépréciation de l'argent depuis cette époque, représente aujourd'hui une valeur de plus de 25,000 francs. Ce groupe était posé sur un piédestal orné d'un entourage qui avait coûté 4,756 fr., mais ces derniers objets ont été détruits.

En parlant de l'église de Sceaux, j'ai donné les époques de sa construction, mais je n'ai trouvé nulle part l'époque de celle du clocher qui existe aujourd'hui ; il est probable qu'il a été fait en 1670, en même temps que les bas-côtés, car il est absolument du même style, tandis que la vieille nef, de 1476, est d'une architecture beaucoup plus lourde.

J'ai dit aussi que ce monument avait subi plusieurs augmentations successives nécessitées par les progrès de la population ; eh bien ! malgré la grandeur que les dernières constructions de Colbert lui ont donnée, le nombre des fidèles était si considérable du temps des princes, qu'il était insuffisant les jours de fête; on a souvent vu un grand nombre de personnes assister aux offices dans la place en dehors de l'église, où on avait soin de placer des chaises pour les recevoir.

J'ai dit que Florian avait habité la Ménagerie de-·puis l'acquisition de ce petit domaine par la Société, je me suis trompé; c'était du temps du duc de Penthièvre qu'il l'habitait.

Il s'est glissé quelques fautes typographiques dans mon ouvrage qui ont échappé à la correction, mais qui sont trop sensibles pour donner lieu à des méprises; je prie mes lecteurs de ne pas s'y arrêter.

Il s'est commis une erreur à l'article imprimerie; en voici la véritable rédaction. Cet établissement fut fondé en 1851, par M. Grosse-Tête, rue de la Petite-Croix. M. E. Dépée, son successeur, l'a transporté derrière la Ménagerie, dans la maison appartenant aujourd'hui à M. Wateau, et ensuite rue de Florian, où il est actuellement.

On rapporte une anecdote du temps de la révolution qui a donné le nom à la rue de la Lune, dans laquelle il n'y avait encore alors que quatre ou cinq maisons.

Un soir qu'il faisait un beau clair de Lune, Palloy qui, sans être méchant, passait pour un révolutionnaire, entra brusquement chez une femme veuve nommée Poitier, pour lui demander quelques ren-

seignements. Il était accompagné d'un des membres
du Comité de salut public, qui à cette époque inspirait toujours de la terreur; cette femme eut une telle
frayeur de cette brutale apparition, la nuit, qu'elle
en eut une attaque de paralysie et devint folle. La rue
où demeurait cette femme a été nommée rue de la
Lune, et ce nom lui est resté.

Depuis la publication de mon ouvrage, il s'est
opéré deux changements notables à Sceaux. Nous
avons changé de curé et de juge de paix. M. Bonafous a quitté la paroisse de Sceaux au mois de septembre dernier et est allé à celle du Gros-Caillou.
M. Cauvin, son successeur, a été installé le 15 du
même mois [1]. M. Cauvin est né à Paris. Il avait été
premier aumônier de l'Hôtel-Dieu en 1826, jusqu'à
la fin de 1852. A cette époque, il fut nommé premier vicaire de Saint-Denis du Saint-Sacrement, rue
Saint-Louis, où il exerça pendant cinq ans; nommé
curé de Vanves en 1856, il administra cette paroisse
jusqu'au 15 septembre 1845, époque à laquelle il fut
nommé curé de Sceaux.

M. Ranté a cessé ses fonctions de juge de paix du
canton de Sceaux au mois de novembre dernier.
Après avoir rempli une longue et honorable car-

---

[1] M. Bonafous avait un petit chien qu'il aimait beaucoup Un
jour de l'été dernier qu'il venait de caresser son maître, il est
tout à coup tombé mort à ses pieds d'une attaque d'apoplexie
foudroyante.

rière, il vit aujourd'hui du fruit de ses labeurs et
jouit à juste titre de l'estime de ses concitoyens. Il
est remplacé par M. Chamagne, précédemment juge
de paix à Villejuif.

———

On agite encore cette année la question du changement de la Sous-Préfecture de Sceaux; les communes rivales ne renoncent pas si facilement à leur
projet; reste à savoir si le gouvernement sera assez
faible pour céder à des vœux aussi inconsidérés.

J'ai dit inconsidérés et le mot n'est pas trop fort,
car, pour satisfaire quelques idées fixes, le ministère, par ce premier acte de condescendance, se jet-
terait inévitablement dans un grand embarras, et
pourquoi? (dans la supposition qu'on établit la Sous-
Préfecture à Montrouge) pour faire gagner 30 centimes et une heure de différence qu'il en coûterait à
quelques personnes qui sont obligées de venir acciden-
tellement à Sceaux : Voilà pourtant le grand motif.

On sait qu'il existe en France beaucoup de Sous-
Préfectures et même de Préfectures bien plus éloi-
gnées du centre de leur arrondissement que Sceaux,
et dont les communications sont pour ainsi dire impraticables dans la mauvaise saison, et parconséquent très dispendieuses; ainsi donc, si le gouvernement cédait sans nécessité évidente pour un arrondissement, comment pourait-il éluder des demandes

cent fois mieux justifiées? et certes l'occasion serait belle.

Une considération d'une haute importance dans cette question, de mettre le chef-lieu d'arrondissement à Montrouge, c'est que dans un cas d'insurrection, la Sous-Préfecture étant pour ainsi dire à Paris, pourrait, dans certaine circonstance, perdre une partie de ses moyens d'action pour aller au secours de la capitale: autant vaudrait la suppression.

Au surplus, si le projet du chemin de fer de Paris à Sceaux s'exécute, Sceaux, sans perdre les avantages de sa position locale, se trouverait par le fait tellement rapproché du centre, que tous les motifs qui pouvaient justifier un changement se réduiraient à zéro. Ce chemin de fer est présenté comme essai, d'après le système de voitures articulées de M. Arnoux.

Le bal de Sceaux est loué cette année à un entrepreneur qni paraît plus prudent que les derniers, car ils avaient fait beaucoup de frais en vain; à la vérité le temps leur a été si défavorable, qu'un meilleur succès était impossible.

Il faut quatre conditions réunies pour que le bal de Sceaux prospère. Les deux premières sont indépendantes de la volonté de l'homme, c'est du beau temps et de la chaleur. Les jours de temps froid, ou pluvieux, ont toujours été des jours néfastes pour le bal. Les deux autres conditions sont purement administratives, et dépendent de l'entrepreneur; c'est une bonne tenue, et quelques attraits qui excitent la curiosité publique : avec du beau temps on aura du monde, mais il faut quelques attraits pour avoir une certaine affluence.

La Saint-Jean cette année a été fort belle. On a remarqué avec plaisir qu'un assez bon nombre de voitures publiques, à un prix raisonnable, stationnant dans la grande rue et sur la place de l'Église, attendaient, dans la soirée, le monde pour Paris : chose qu'on n'avait pas vu depuis longtemps.

Le temps ayant été mauvais le beau dimanche, la seconde fête a été remise à huitaine. Le dimanche suivant la réunion au bal a été fort brillante ; M. Kirch, aéronaute prussien, a fait une ascension dans un ballon d'une très jolie forme et est allé descendre dans le grand parc.

Voici tous les changements de noms que Sceaux a subi depuis son origine.

Cellœ, Ceau, Ceaux, Ciaux, Seaux, Saulx, Soaulx, et enfin Sceaux. Puis, sous le duc du Maine, on l'appela Sceaux-du-Maine ; sous le duc de Penthièvre, on l'appela Sceaux-Penthièvre ; dans la révolution, on le nomma Sceaux-l'Unité, et aujourd'hui tout simplement Sceaux.

SCEAUX. — IMPR. DE E. DÉPÉE.

TABLE DES MATIÈRES.

SCEAUX — Impr. de E. Dépée.

E. DÉPÉE, IMPRIMEUR, A SCEAUX.